NON COUPABLE AU PROCES DE NUREMBERG

L'argumentation de la défense

Carlos Whitlock Porter

NON COUPABLE AU PROCES DE NUREMBERG
L'argumentation de la défense

By Carlos Porter

(c) 2012

http://www.cwporter.com

Table des matières

INTRODUCTION.. 5
MARTIN BORMANN... 7
ORGANISATIONS CRIMINELLES 9
DOCUMENTS... 13
KARL DÖNITZ... 17
HANS FRANK 20
WILHELM FRICK 22
HANS FRITZSCHE... 24
WALTER FUNK 25
KURT GERSTEIN... 27
G. M. GILBERT 28
HERMANN GÖRING 30
RUDOLF HESS 34
RUDOLF HÖSS 36
PROCÈS DE CRIMES DE GUERRE JAPONAIS 44
ALFRED JODL 48
ERNST KALTENBRUNNER.. 50
WILHELM KEITEL 54
CONSTANTIN VON NEURATH....................................... 56
FRANZ VON PAPEN 58
ERICH RAEDER... 60
JOACHIM VON RIBBENTROP 61
ALFRED ROSENBERG ET FRITZ SAUCKEL 66
HJALMAR SCHACHT... 70
BALDUR VON SCHIRACH 71
ARTHUR SEYSS-INQUART... 73
ALBERT SPEER 75
JULIUS STREICHER... 77

Surveillance des détenus, Nuremberg 1946.

INTRODUCTION

La révision de l'histoire est aussi vieille que l'histoire elle-même. Les *Annales* de Tacite, par exemple (xv 38), font mention d'un «bruit» selon lequel Néron aurait brûlé Rome. Le «bruit» fut plus tard rapporté comme un «fait» par plusieurs historiens romains (Suétone, *Nero*, 38; Dion Cassius, *Epistulae*, lxii 16; Pline, *Naturalis Historia*, xvii 5). D'autres historiens mirent plus tard ce «fait» en question et ramenèrent le «fait» à un simple «bruit».

En 1946, il fut considéré comme un «fait» que les nazis avaient fabriqué du savon de graisse humaine (Jugement, Procès de Nuremberg, IMT I 252 [283]; VII 597-600 [656-659]; XIX 506 [566-567]; XXII 496 [564]).Il semble maintenant que ce «fait» soit considéré comme un simple «bruit» (Hilberg, *The Destruction of the European Jews* [*La Destruction des Juifs d'Europe*], édition révisée, «définitive», Holmes and Meier, NY, p. 966: «L'origine du bruit du savon en graisse humaine reste inconnue jusqu'à aujourd'hui»).

Le «bruit», d'origine soviétique, un grand bocal de «savon» puant (Pièce à conviction URSS-393), ne fut jamais l'objet d'une expertise par la médecine légale et se trouve dans le Palais de la Paix à La Haye aux Pays-Bas. Des fonctionnaires du Palais montrent le «savon» à des visiteurs ébahis, mais semblent ne pas répondre à des lettres provenant de personnes qui prétendent le faire analyser.

En 1943, le «bruit» courait que les nazis étaient en train de massacrer les juifs dans des chambres à vapeur chaude, par des chocs électriques, dans des chambres à vide et des chambres à gaz (à voir, par exemple, *The Black Book: The Nazi Crime Against the Jewish People* [*Le livre noir: Le Crime nazi contre le peuple juif*], p. 270, 274, 280, 313, produit comme «preuve» à la commission de Nuremberg).

En 1946, les chambres à gaz devinrent un «fait», tandis que les chambres de vapeur, les chambres électriques et les chambres à vide restèrent de simples «bruits» (N.B.: l'existence des «chambres à vide» fut «prouvée» dans le Procès de Oswald Pohl, quatrième procès de Nuremberg, NMT IV 1119-1152).

Les «preuves» selon lesquelles les nazis auraient gazé les juifs ne sont pas meilleures, en ce qui concerne leur qualité, que les «preuves» selon lesquelles ils les auraient massacrés dans des chambres à vapeur, des chambres électriques ou des chambres à vide; il nous semble admissible de douter de telles «preuves».

Ce livre ne constitue pas une «révision» de l'histoire mais un simple guide d'un matériel historique oublié. On oublie les 312 022 déclarations certifiées présentées par la défense au premier procès de Nuremberg, mais on se rappelle très bien les 8 ou 9 déclarations de l'accusation qui les auraient prétendument «réfutées» (XXI 437 [483]).

Ce livre contient beaucoup de renvois à des documents de référence. Nous ne les présentons pas pour déconcerter, impressionner ou intimider le lecteur, ni pour prouver la véracité des affirmations faites, mais simplement pour aider des lecteurs intéressés à creuser les sujets abordés. C'est au lecteur de décider si les déclarations de la défense sont plus crédibles que le savon de graisse humaine (document URSS-397), les bas en cheveux humains (document URSS-511) ou les hamburgers en viande humaine (Pièce à conviction 1873, Procès de Tokyo), toutes présentées par l'accusation dans ces Procès.

N.B.:

IMT = International Military Tribunal (premier Procès de Nuremberg en 4 langues).

NMT = Nuremberg Military Tribunal (12 procès américains de Nuremberg, en anglais).

La traduction présentée ici est fondée sur le procès-verbal publié aux Etats-Unis; les citations ne concordent pas avec la traduction officielle française. En l'absence d'une indication contraire, toute référence à la pagination concerne l'édition américaine IMT.

[ ] = pagination allemande.

MARTIN BORMANN

Bormann fut accusé de «persécution de la religion» et de beaucoup d'autres crimes graves. L'avocat de Bormann, le Dr. Bergold, indiqua que beaucoup de pays modernes (c'est-à-dire surtout l'Union soviétique) étaient expressément athées; des ordres qui interdisaient aux prêtres d'occuper de hautes fonctions dans le Parti (c'est-à-dire le parti nazi) ne pouvaient donc pas caractériser une «persécution». Ainsi s'exprimait le Dr. Bergold:

«Le Parti est considéré comme quelque chose de criminel, comme une conspiration. Est-ce que c'est un crime de défendre à certaines personnes de devenir membres d'une conspiration criminelle? C'est considéré un crime, cela?» (V 312 [353]).

Des documents furent présentés dans lesquels Bormann interdisait toute persécution de la religion, permettant expressément l'éducation religieuse (XXI 462-465 [512-515]). Une condition de cette directive était qu'il fallait utiliser le texte biblique tout entier; des suppressions, des manipulations et des distorsions du texte étaient interdites. En raison du manque de papier pendant la guerre, des restrictions furent introduites pour l'impression de tous les journaux, et pas seulement des journaux religieux (XIX 111-124 [125-139]; XXI 262-263, 346, 534, 539; [292-293, 383, 589, 595]; XXII 40-41 [52-53]).

L'avocat de Bormann eut peu de difficulté à démontrer que Bormann n'aurait pu être condamné pour aucun délit selon les lois d'aucun pays, tant il est évident que les sténographes ne sont pas tenus criminellement responsables de tous les documents signés par eux.

Il n'apparaissait pas clairement jusqu'à quel point il n'avait agi que comme sténographe ou secrétaire. Pour l'accusation, cependant, les lois étaient hors de 4 propos, et Bormann fut condamné à être pendu. La sentence devait être exécutée sur-le-champ, bien que des témoignages concordants aient établi que Bormann avait été tué par l'explosion d'un char et n'était plus probablement en un seul morceau, ce qui présentait certains problèmes d'ordre pratique si l'on voulait le pendre (XVII 261-271 [287-297]).

ORGANISATIONS CRIMINELLES

Les preuves de la défense concernant les prétendues «organisations criminelles» consistent en des déclarations orales de 102 témoins et 312 022 déclarations écrites et certifiées (XXII 176 [200]).

Le terme «criminel» ne fut jamais défini (XXII 310 [354]; voyez aussi XXII 129-135 [148-155]).

Il n'a jamais été défini non plus quand ces organisations devinrent prétendument «criminelles» (XXII 240 [272-273]). Le Parti nazi lui même serait devenu criminel à partir de l'année 1920 (XXII 251 [285]) ou peut-être de 1938 (XXII 113 [130]), ou même jamais (II 105 [123]).

Les 312 022 déclarations écrites et certifiées furent présentées à une «commission». Le procès-verbal de cette commission n'apparaît pas dans celui du procès de Nuremberg.

Les National Archives à Washington ne possèdent pas de copie du procès-verbal de la commission. Elles n'en ont jamais entendu parler, ne savent pas ce que c'est et ne savent pas vous dire où on peut les trouver. Des 312 022 déclarations écrites, seulement quelques douzaines furent traduites en anglais, tant et si bien que le tribunal n'était pas en mesure de les lire (XXI 287, 397-398 [319, 439]). Le président du tribunal, Sir Geoffrey Lawrence, ne comprenait pas l'allemand; l'accusateur en chef, Robert Jackson, non plus.

En raison d'un changement dans la réglementation entrepris à la dernière minute (XXI 437-438, 441, 586-587 [483-485, 488, 645-646]), beaucoup d'autres déclarations furent rejetées au motif de leur prétendu «manque de conformité» (XX 446-448 [487-489]).

La «commission» établit des «résumés» qui furent présentés au tribunal (des milliers de déclarations tendant à établir le caractère humanitaire du traitement des prisonniers, etc.). Ces résumés ne furent pas considérés comme des preuves; le tribunal promit de lire les 312 022 déclarations avant d'arriver à un jugement (XXI 175 [198]). Quatorze jours plus tard, il fut annoncé que les 312 022 déclarations de la défense n'étaient pas vraies (XXII 176-178 [200-203]).

Par la suite, une seule déclaration de l'accusation (document D-973) fut considérée comme une réfutation des 136 000 déclarations de la défense (XXI 588; 437, 366 [647, 483-484, 404]).

Les 102 témoins furent obligés d'apparaître et de témoigner devant la «commission» avant d'apparaître devant le tribunal. Puis 29 de ces témoins (XXI 586 [645]), ou, selon une autre source, 22 de ces témoins

(XXII 413 [468]), furent autorisés à se présenter devant le tribunal; mais leurs témoignages ne devaient pas être «cumulatifs», c'est-à dire répétitifs de leurs témoignages devant la «commission» (XXI 298, 318, 361 [331, 352, 398-399]).

En outre, 6 déclarations écrites et présentées par l'accusation furent considérées comme ayant «réfuté» les témoignages des 102 témoins (XXI 153 [175], XXII 221 [251]).

Une de ces déclarations fut écrite en polonais, de façon que la défense soit incapable de la lire (XX 408 [446]). Une autre fut signée par un juif s'appelant Szloma Gol, qui prétendit avoir déterré et brûlé 80 000 cadavres, y compris celui de son frère (XXI 157 [179], XXII 220 [250]). (Selon le procès-verbal britannique, il n'a déterré et brûlé que 67 000 cadavres.) Les autorités de l'accusation avaient déjà terminé la présentation de leurs preuves à ce moment-là (XX 389-393, 464 [426-430, 506]; XXI 586-592 [645-651]).

Il fut alors prétendu, lors du réquisitoire final de l'accusation, que 300 000 déclarations avaient été présentées et examinées pendant le procès, donnant l'impression au lecteur inattentif qu'il s'agissait de documents de l'accusation (XXII 239 [272]). En vérité, cependant, l'accusation termina le procès tout entier avec tout au plus quelques dizaines de déclarations vraiment importantes (à voir, par exemple, XXI 437 [483], où 8 ou 9 déclarations furent présentées par l'accusation contre 300 000 déclarations pour la défense; voir aussi XXI 200 [225], 477-478 [528-529], 585-586 [643-645], 615 [686-687]).

Dans les nombreux procès de crimes de guerre dans des camps de concentration, comme celui de Martin Gottfried Weiss, un expédient plus convenable fut arrêté. Un simple emploi dans un camp, ne fût-ce que pour quelques semaines, fut considéré comme la preuve d'une «connaissance constructive» du «Projet Commun». Le terme «Projet Commun» ne fut naturellement jamais défini. Le mot «conspiration» fut constamment évité afin de pouvoir procéder avec des règles de preuves plus floues. Il n'était pas nécessaire de faire référence à des actes spécifiques de mauvais traitements, ni de prouver la mort d'une seule personne en conséquence de tels mauvais traitements.

Le procès-verbal de la commission de Nuremberg se trouve au Palais de la Paix à La Haye, où il remplit la moitié d'une chambre-forte à l'épreuve du feu allant du sol jusqu'au plafond. Les témoignages oraux de chaque témoin furent tapés avec une mise en page commençant avec la page numéro 1, puis retapés avec une mise en page consécutive qui s'étend jusqu'à plusieurs milliers de pages. Les premières ébauches et les copies finales sont classées ensemble et agrafées dans des dossiers, sur du papier extrêmement fragile avec des agrafes oxydées. Il est absolument certain que personne n'a jamais lu ce matériel, en tout cas à La Haye.

Dans les plaidoyers de la défense, le matériel concernant les témoignages des 102 témoins apparaît, pour la plupart, en impression serrée dans les volumes XXI et XXII du procès-verbal du procès de Nuremberg. L'impression serrée indique que les passages furent rayés des plaidoyers finals de la défense; d'autre part, le procès aurait été trop long (dans l'esprit de l'accusation).

Ce matériel s'étend jusqu'à plusieurs centaines de pages. Tout ce matériel est absent, jusqu'au dernier mot, du procès-verbal publié au Royaume-Uni. Du protocole américain, 11 pages ont été rayées entre les paragraphes 1 et 2 de la page 594 du volume XXI. Dans le procès-verbal allemand, ces 11 pages apparaissent au volume XXI, pp. 654-664. A part cela, les versions américaine et allemande semblent plus ou moins complètes. Le matériel traite, par exemple:

- «Guerre totale»: XIX 25 [32]
- Réparations: XIX 224-232 [249-259]
- Syndicats allemands: XXI 462 [512]
- Gestapo et camps de concentration: XXI 494-530 [546-584] • «Putsch Röhm»: XXI 576-592 [635-651]
- «La Nuit de cristal»: XXI 590-592 [649-651]
- «Umsiedlung» (Transferts de populations): XXI 467-469, 599-603 [517-519, 669-674]
- SD: XXII 19-35 [27-47]
- Armements: XXII 62-64 [75-78].

Les 312 022 déclarations écrites furent probablement classées dans une archive allemande. Le jugement du procès de Nuremberg fut imprimé deux fois, dans les volumes I et XXII. Il est important d'obtenir les volumes allemands et de lire le jugement dans le volume XXII en allemand. Du mauvais allemand et de fausses traductions, etc., écrits par les Américains, ont été corrigés avec des notes en bas de page. Des erreurs de cette nature dans des documents peuvent être considérées en l'occurrence comme des preuves de falsification.

En général, les volumes allemands sont préférables aux volumes américains. De fréquentes notes de bas de page dans les volumes allemands alertent le lecteur face à des traductions incorrectes, des documents disparus et des copies falsifiées (par exemple, XX 205 du procès-verbal allemand: «Cette phrase n'apparaît pas dans le document original»).

Les volumes allemands en livres de poche sont disponibles chez Delphin Verlag, Munich (ISBN 3-7735-2509) (procès-verbal des audiences seulement; le procès-verbal des audiences avec les volumes documentaires peut être commandé sur microfilm auprès de Oceana Publications, Dobbs Ferry, NY).

DOCUMENTS

La version courante des événements prétend que les Alliés auraient étudié 100 000 documents et puis choisi 1 000 documents qui furent 8 présentés devant le tribunal, les originaux étant ensuite archivés au Palais de la Paix de La Haye. Mais ce n'est pas exact.

Les documents utilisés comme preuves au procès de Nuremberg étaient, pour la plupart, des «photocopies» de «copies». Beaucoup de ces «documents originaux» étaient écrits entièrement sur du papier normal, sans en-tête de lettre et sans aucune marque faite à la main, par des personnes inconnues. Quelquefois il s'y trouve un paraphe ou une signature illisible d'une personne plus ou moins inconnue ayant prétendument «certifié» le document comme étant une «copie conforme». Parfois il y a un cachet allemand, parfois non. Beaucoup furent «trouvés» par les Russes ou «certifiés» par des «commissions de crimes de guerre» soviétiques.

Le volume XXXIII, un volume de documents pris au hasard, contient 20 interrogatoires ou déclarations écrites, 12 photocopies, 5 copies non signées, 5 documents originaux avec signature, 4 copies de matériel imprimé, 3 copies faites par machine à ronéotyper, 3 télétypes, 1 copie sur microfilm, 1 copie signée par quelqu'un d'autre et 1 non spécifiée.

Le Palais de la Paix à La Haye possède peu de documents originaux allemands établis pendant la guerre, et peut-être même aucun. Il y a beaucoup de «déclarations» écrites après la guerre, le procès-verbal de la Commission du Tribunal de Nuremberg, et beaucoup de matériel de grande valeur de la défense. Il y a le «savon humain», qui n'a jamais été analysé scientifiquement, et la «recette originale pour la fabrication du savon humain» (document URSS-196), ce qui est une falsification, mais le Palais ne possède apparemment pas de documents allemands originaux établis pendant ou avant la guerre. Le Palais de la Paix possède des photostats négatifs – c'est-à-dire des photocopies – de ces documents, sur du papier extrêmement fragile qui a été agrafé. Pour photocopier les photostats, il faut enlever les agrafes. Les documents sont ré-agrafés encore une fois après avoir été photocopiés, ce qui fait plus de trous. On voit que la plupart de ces documents n'ont pas été photocopiés avec beaucoup de fréquence; selon les fonctionnaires du Palais, il est très rare de recevoir des visiteurs qui veulent même les voir.

Les National Archives à Washington (cf. Telford Taylor, *Use of Captured German and Related Documents*, A National Archive Conference) prétendent que les documents originaux seraient à La Haye. La Haye prétend que les documents originaux seraient aux National Archives.

La Stadtarchive Nürnberg et la Bundesarchiv Koblenz n'ont pas de documents originaux du procès de Nuremberg non plus. Elles prétendent toutes deux que les documents originaux seraient à Washington. Puisque les documents originaux, dans la plupart des cas, sont des «copies», très fréquemment il n'y a aucune preuve que les documents originaux aient jamais existé.

L'accusateur en chef du ministère public, Robert Jackson, commença le procès d'une façon inimitable, en citant toute une série de documents falsifiés ou sans valeur pour une raison ou pour une autre, ainsi: 1947-PS, 1721-PS, 1014-PS, 81-PS, 212-PS, parmi beaucoup d'autres (II 120-142 [141-168]).

1947-PS est une «copie» d'une «traduction» d'une «lettre» du général Fritsch à la baronne von Schutzbar-Milchling. Par la suite, la baronne signa une déclaration affirmant n'avoir jamais reçu la lettre en question (XXI 381 [420-421]).

La «lettre» falsifiée du général Fritsch à la baronne von Schutzbar-Milchling fut reconnue comme telle par le tribunal pendant le procès et ne fut pas incluse dans les volumes documentaires, où elle devrait apparaître à XXVIII 44. Jackson ne fut cependant pas réprimandé par le tribunal (XXI 380 [420]).

En toute apparence, des Américains enthousiastes falsifièrent 15 de ces «traductions», après quoi les «documents originaux» auraient tous disparu mystérieusement (cf. Taylor, *Captured Documents*).

1721-PS est un faux dans lequel un S.A. s'adresse à lui-même une lettre, lettre incluant un rapport concernant la manière dont il aurait exécuté un ordre qu'il cite verbatim dans la lettre. Des marquages écrits à la main aux pages 2 et 3 sont des falsifications évidentes de marquages à la page 1 (XXI 137-141 [157-161], 195-198 [219-224], 425 [470], XXII 147-150 [169-172]; cf. aussi *Testimony Before The Commission*, Fust, 25 avril, et Lutze, 7 mai 1946). Les National Archives possèdent un «photostat positif» de 1721-PS, tandis que le Palais de la Paix possède un «photostat négatif». Le «document original» est une «photocopie» (XXVII 485).

1014-PS est prétendument un «discours d'Hitler» écrit sur du papier sans en-tête, sans signature, sans cachet, etc., par un inconnu. Le 10 document porte le titre «Deuxième discours», bien qu'il soit connu qu'Hitler n'a prononcé qu'un discours à cette date. Il y a 4 versions de ce discours, dont 3 sont des faux: 1014-PS, 798-PS, L-3, et une, une version authentique, Ra-27 (XVII 406-408 [445-447], XVIII 390-402 [426-439].

Le troisième faux, document L-3, porte le cachet d'un laboratoire du FBI et ne fut même pas accepté par le tribunal comme preuve (II 286 [320-321]), mais 250 copies du même document furent distribuées à la presse comme authentiques (II 286-293 [320-328]).

Ce document fut cité par A.J.P. Taylor à la page 254 de son livre *The Origins of the Second World War* (Fawcett Paperbacks, 2nd edition, with Answer to his Critics), dont la source prétend être German Foreign Policy, Series D vii, n° 192 et 193. L-3 est la source de nombreuses déclarations attribuées à Hitler, particulièrement: «Qui se souvient aujourd'hui du sort des Arméniens?» et: «Nos ennemis sont de petits vers. Je les ai vus à Munich.»

Selon ce document, «Hitler» se compare à Gengis Khan, déclarant son intention d'exterminer les Polonais et de donner un coup de pied au ventre de Chamberlain devant les photographes. Le document semble avoir été rédigé sur la même machine à écrire que beaucoup d'autres documents à Nuremberg, y compris les 2 autres versions du même discours. Cette machine à écrire était probablement une Martin, fabriquée par Triumph Adler-Werke, à Nuremberg.

81-PS est une «copie conforme» d'une lettre non signée, établie sur du papier normal par un inconnu. Si elle est authentique, il s'agit du projet d'une lettre qui ne fut jamais postée. Le document est toujours appelé une «lettre» de Rosenberg, ce que Rosenberg nia (XI 510-511 [560-561]). Le document ne comporte ni signature, ni paraphe, ni numéro de fiche (une notation bureaucratique) et ne fut pas trouvé parmi les effets personnels du destinataire (XVII 612 [664]). 81-PS est une «photocopie» avec un numéro de pièce à conviction soviétique (URSS 353, XXV 156-161).

212-PS fut aussi écrit par un inconnu, entièrement sur du papier normal, sans aucune notation faite à la main, sans date ni signature ni cachet (III 540 [602], XXV 302-306; voir aussi des photocopies de photostats négatifs du Palais de la Paix à La Haye).

Tout cela est, pour Nuremberg, tout à fait normal. Le document 386-PS, le «Protocole de Hossbach», un prétendu discours d'Hitler du 5 novembre 1938, est une «photocopie conforme» d'une «copie certifiée sur microfilm» d'une «copie conforme» re-dactylographiée par un Américain, d'une «copie conforme» re-dactylographiée par un Allemand, des notes prises par Hossbach et jamais approuvées par Hitler lui-même, d'un discours d'Hitler, écrit de mémoire par Hossbach 5 jours plus tard.

Il ne s'agit pas ici d'un des pires documents mais un des meilleurs, parce que nous savons qui a préparé une des «copies». Le texte du document 386-PS a été manipulé (XLII 228-230).

Donc, un «jugement sur document» fonctionne de la manière suivante: A, un inconnu, écoute des «propos oraux» prétendument faits par B et prend des notes ou établit un document sur la base de ces prétendus propos. Le document est alors présenté comme preuve, non contre A, qui a établi le document, mais contre B, C, D, E, et toute une série d'autres personnes, bien qu'il n'y ait rien qui prouve un lien quelconque avec le document ou avec les prétendus propos. Il est tout simplement prétendu, avec une négligence sublime, que «B aurait dit», «C aurait fait» ou bien «D et E auraient su». Une telle procédure était établie en violation des règles de preuve de n'importe quel pays civilisé. De plus, les documents ne sont pas identifiés par des témoins.

La falsification de documents originaux ne fut que rarement pratiquée à Nuremberg, parce que les documents n'étaient pas portés physiquement aux audiences. Le «document original», c'est-à-dire l'original de la «copie» non signée, était gardé dans un coffre-fort du «Document Centre» (II 195 [224], 256-258 [289-292]).

Puis 2 «photocopies» de la «copie» (V 21 [29]), ou peut-être 6 photocopies (II 251-253 [284-286]), étaient préparées, et ce sont celles-ci qui étaient présentées au tribunal. Toutes autres copies étaient re-dactylographiées sur un stencil pour machine à ronéotyper (IX 504 [558-559]).

Dans le procès-verbal des audiences, le mot «original» est employé dans le sens de «photocopie» (II 249-250 [283-284], XIII 200 [223], 508 [560], 519 [573], XV 43 [53], 169 [189] 171 [191] 327 [359]) pour distinguer les «photocopies» des «copies re-dactylographiées sur ronéo» (IV 245-246 [273-274]).

Des «traductions» de tous les documents étaient disponibles dès le début même du procès (II 159-160 [187-189], 191 [219-220], 195 [224], 215 [245], 249-250 [282-283], 277 [312], 415 [458], 437 [482-483]), mais les «textes originaux allemands» ne furent pas disponibles pendant au moins 2 mois.

C'est le cas, non seulement avec des mémoires, accusations, informations, etc. du tribunal, mais avec TOUS LES DOCUMENTS. La défense ne reçut pas de documents en langue allemande avant le 9 janvier 1946 sinon plus tard (V 22-26 [31-35]).

Parmi les documents qui semblent avoir été établis sur la même machine à écrire il y a, entre autres, le document 3803-PS, une lettre de l'accusé Kaltenbrunner au maire de Vienne, et la lettre du maire, qui envoya la lettre de Kaltenbrunner au tribunal sous même pli (XI 345-348 [381-385]). La lettre de Kaltenbrunner contient une fausse expression géographique (XIV 416 [458]).

KARL DÖNITZ

Dönitz fut condamné pour avoir mené une «guerre illégale de sous-marins» contre les Britanniques. En droit international, tout est une question de réciprocité et de conventions internationales, qui ne peuvent être renforcées que par la réciprocité.

En période de guerre, la meilleure défense contre une arme est une contre-offensive vigoureuse avec la même arme. Les Britanniques, grâce à leur maîtrise des mers, firent les deux guerres au moyen de blocus et du système «Navicert». Des navires neutres furent arrêtés par la force dans les zones maritimes internationales et forcés d'entrer dans des ports britanniques pour être examinés selon des formules complexes: si un pays neutre importait plus de nourriture, d'engrais, de laine, de cuir, de caoutchouc, de coton, etc., que les quantités considérées comme nécessaires pour leur propre consommation (selon l'avis des Britanniques), on supposait que la différence était destinée à être réexpédiée aux Allemands.

Résultat: le navire (y compris la cargaison tout entière) était confisqué et vendu aux enchères (ce qui était aussi une violation des clauses de tous les contrats d'assurance maritime britanniques).

En 1918-19, le blocus fut maintenu pendant huit mois après l'armistice pour forcer les Allemands à ratifier le Traité de Versailles. Des centaines de milliers d'Allemands moururent de faim après la guerre tandis que les diplomates hésitaient, ce qui était une évidente violation des conditions de l'armistice et de tout droit international: et, selon Hitler, «la plus grande violation de foi de tous les temps».

Le point de vue britannique semble être que le blocus lui-même était légal, mais mis en œuvre d'une manière totalement illégale; cf. *Encyclopaedia Britannica* (1911), «Neutrality»; *Encyclopaedia*

Britannica (1922), «Blockade», «Peace Conference». Dans la guerre contre le Japon, les Américains coulaient «tout ce qui bougeait dès le premier jour de la guerre».

Les neutres, y compris les Etats-Unis, se plaignirent de cette violation de leur neutralité mais obéirent, ce qui fut encore une fois une violation de leur propre neutralité. Une nation qui permet une violation de sa neutralité peut être considérée comme belligérante.

La Cinquième Convention de La Haye du 18 octobre 1907 concernant les droits des neutres ne fut jamais ratifiée par les Britanniques, mais ses dispositions furent considérées comme obligatoires pour les Japonais et les Allemands, malgré une clause de non-participation. Cette dernière signifie que la convention ne s'applique pas dès lors qu'un non signataire participe au conflit.

En 1939, les Allemands ne possédaient que 26 sous-marins pour le service atlantique, la cinquième partie de la flotte submersible de la France seule. De plus, les sous-marins allemands étaient beaucoup plus petits que ceux d'autres nations. Un contre-blocus contre les Iles britanniques ne pouvait être réalisé qu'en avertissant les neutres de ne pas naviguer dans les eaux territoriales britanniques. Pour les Britanniques, c'était un «crime».

De ces 26 sous-marins, beaucoup, à n'importe quel moment, avaient besoin de réparations, c'est ainsi que certains mois il n'y en avait que 2 ou 3 en état de naviguer. Il est évident que les sous-marins ne peuvent 14 pas exécuter des opérations d'arraisonnement et de perquisition de la même façon qu'un navire de surface. Un sous-marin, une fois qu'il a fait surface, est presque complètement sans défense contre les armes les plus légères montées sur un navire marchand, pour ne pas parler de radio, radar et avions.

Il fut réclamé par les Britanniques à Nuremberg que les Allemands auraient dû faire surface, notifier au navire de surface leur intention de perquisitionner et attendre jusqu'à ce que le navire commence les hostilités. A ce point-là, ils auraient dû couler le navire, apparemment avec leurs armes de pont, puis prendre les dizaines ou centaines de survivants sur le sous-marin (où ils auraient été beaucoup plus exposés au danger que dans n'importe quel canot de sauvetage), et finalement les transporter à la terre la plus proche.

Quand les avions britanniques apparaissaient et coulaient le sous-marin, tuant les survivants, ceux-ci naturellement étaient réputés avoir été «assassinés par les Allemands». Aucune convention internationale n'exige une telle procédure, et aucune nation n'a jamais combattu de cette façon. Puisque le sauvetage des survivants représentait un danger pour le sous-marin et très fréquemment avait comme résultat la perte du sous-marin avec son équipage, Dönitz prohiba tout acte de sauvetage.

Par les Britanniques, cet ordre fut interprété comme «un ordre de tuer tous les survivants». Cette accusation ne fut cependant pas soutenue dans le jugement. Dönitz fut aussi accusé d'avoir encouragé le peuple allemand à une résistance désespérée, un «crime» commis aussi par Winston Churchill. Dönitz répliqua:

«Il était très douloureux de voir nos villes bombardées jusqu'à la ruine, et, à cause de ces attaques de bombes et ces combats continuels, plus de vies humaines ont été perdues. Le chiffre de ces pertes est à peu près de 300 000 à 400 000 personnes, la plupart desquelles sont mortes dans l'attaque sur la ville de Dresde, sans justification d'un point de vue militaire, et imprévisible. Néanmoins, ce chiffre est faible en comparaison des millions que nous aurions perdus à l'est, soldats et civils, si nous avions capitulé en hiver» (XIII 247-406 [276-449]; XVIII 312-372 [342-406]).

HANS FRANK

Frank fut accusé d'avoir tenu des centaines de propos antisémites dans un document de 12 000 pages, appelé son «journal». Le «journal» ne contient qu'une seule page signée par Frank, avec des centaines de propos humanitaires, ce qui fut ignoré (XII 115-156 [129-173]). Les remarques antisémites furent sélectionnées par les Russes et typographiées dans un document très court, le document 2233-PS, présenté au tribunal et appelé le «Journal de Frank».

Le vrai «Journal» de 12 000 pages consistait en des résumés (pas de procès-verbaux exacts ou de notes sténographiques) de conférences auxquelles 5 ou 6 personnes parlaient très souvent toutes en même temps dans la plus grande confusion; il n'était pas clair de savoir à qui certaines remarques devaient être attribuées (XII 86 [97-98]).

Frank avait donné son «journal» aux Américains, croyant qu'il l'exonérerait: il avait protesté contre les illégalités d'Hitler dans des discours publics à grand risque personnel, et il avait essayé de démissionner 14 fois (XII 2-114 [8-128]; XVIII 129-163 [144-181]). Frank fut convaincu de la réalité des atrocités allemandes après avoir lu des articles concernant le procès soviétique de Majdanek «dans la presse étrangère» (XII 35 [43]). Auschwitz n'était pas localisé en territoire sous le contrôle de Frank.

Frank voyait sa mission comme la création d'une organisation judiciaire indépendante dans un Etat national-socialiste, une mission qui se révéla impossible. Dans un discours du 19 novembre 1941, il dit:

«La Loi ne peut pas être dégradée jusqu'à devenir un objet de commerce. La Loi ne peut pas être vendue. Elle est là, ou elle n'est pas là. La Loi ne peut être commercialisée à la Bourse. Si la Loi ne trouve aucun support, l'Etat perd son équilibre moral et se coule dans les profondeurs de la nuit et de la terreur.»

Les illégalités d'Hitler n'avaient jamais inclus la promulgation d'une loi *ex-post facto*; en 3 cas, des peines furent augmentées rétroactivement (XVII 504 [547]). Le pillage de trésors d'art prétendument commis par Frank sera discuté avec celui de Rosenberg.

WILHELM FRICK

Frick fut pendu pour la prétendue «germanisation» des résidents de Posen, Danzig, de la Prusse occidentale, Eupen, Malmédy, des Sudètes, du territoire de Memel et de l'Autriche. A l'exception de l'Autriche, toute ces régions étaient précédemment des parties de l'Empire prussien, séparées de l'Allemagne par le Traité de Versailles. Malmédy est une région francophone; toutes les autres sont déjà des régions germanophones.

L'Autriche ne fut pas capable de survivre en tant qu'unité économique indépendante après 1919 et avait demandé à être réunie à l'Allemagne par plébiscite. Les vainqueurs démocratiques répondirent par la menace de bloquer toute importation de nourriture (XVIII 55 [66], XIX 360 [397]).

Un autre crime prétendument commis par Frick fut le meurtre de 275 000 faibles d'esprit, selon le «rapport» d'une «commission de crimes de guerre» tchécoslovaque. Frick, comme Göring, fut accusé d'être responsable de l'existence des camps de concentration. Dans sa défense, on a indiqué que l'«arrestation préventive» préexistait à l'accession au pouvoir des nationaux socialistes en Allemagne ainsi qu'en Autriche, où elle était appelée «Anhaltehaft», et utilisée pour emprisonner des milliers de nationaux-socialistes (XXI 518-521 [572-576]).

L'«arrestation préventive» existe en Allemagne aujourd'hui, où elle s'appelle U-haft. Dans le jugement final d'un des plus importants procès de crimes de guerre tenus par les Américains à Dachau (*Trial of Martin Gottfried Weiss and Thirty Nine Others, Law Reports of Trials of War Criminals*, volume XI, p. 15), publié par les Nations unies), apparaît la phrase suivante: «Dans le cas du camp de concentration de Mauthausen (...) les circonstances fondamentales étaient identiques – bien que le nombre de victimes soit beaucoup plus élevé, en raison de la pratique des exterminations en masse dans une chambre a gaz (...).»

Est-ce que cela revient à admettre qu'il n'y avait aucune chambre à gaz à Dachau? Selon *Law Reports of Trials of War Criminals*, aucun procès à Dachau n'a jamais «prouvé» l'existence d'une chambre à gaz à Dachau.

Dans le procès de Nuremberg, une «copie conforme» du jugement dans le Trial of Martin Gottfried Weiss and Thirty Nine Others, avec cette phrase supprimée, fut présentée au tribunal comme le document 3590-PS (V 199 [228]), avec 3 autres documents affirmant la mise en œuvre d'exterminations dans une chambre à gaz à Dachau (document 3249-PS, V 172-173 [198], XXXII 60; document 2430-PS, XXX 470, et 159-L, XXXVII 621). Frick fut accusé par le signataire de la déclaration alléguant des «exterminations en masse dans une chambre à gaz à Dachau», document 3249-PS (écrit par le Lt. Daniel L. Margolies, impliqué dans la falsification de 3 discours d'Hitler, XIV 65 [77] et signé par Dr. Franz Blaha) d'avoir visité Dachau. Frick nia cette accusation et demanda de pouvoir rejoindre le banc des témoins afin de se défendre lui-même et d'être confronté à Blaha.

Ce qui lui fut refusé. Apparemment Frick abandonna: il ne témoigna jamais. Le plaidoyer de son avocat en défense apparaît à XVIII 164-189 [182-211]. Le signataire, le Dr. Franz Blaha, un communiste, fut président de l'Association internationale de Dachau en 1961, prétendant toujours avoir vu des exterminations en masse dans une chambre à gaz et avoir fabriqué des pantalons et autres articles en peau humaine.

Le procès de Martin Gottfried Weiss est disponible sur 6 bobines de microfilm (M1174, National Archives). Les premières pièces à conviction concernant une «chambre à gaz à Dachau» (rapport, plan, jet de douche, bobine 1) ne furent jamais présentées au tribunal à Dachau, et elles ont disparu des pièces à conviction finales (bobine 4). Le procès-verbal des audiences (bobine 2 et 3) ne contient aucune mention d'une chambre à gaz à Dachau, à l'exception de quelques phrases dans les témoignages du Dr. Blaha (volume 1, p. 166, 169). La prétendue peau humaine provenait de taupes (volume 4, p. 450, 462, 464).

HANS FRITZSCHE

Fritzsche fut convaincu de la réalité des atrocités allemandes en Russie par une lettre qu'il reçut. Il essaya de les vérifier mais n'en trouva aucune preuve (XVII 172-175 [191-195]).

Fritzsche est un témoin important parce qu'il fut admis par le tribunal dans son cas que les journaux étrangers faisaient circuler beaucoup de fausses informations concernant l'Allemagne (XVII 175-176 [194-196]; voir aussi XVII 22-24 [30-33]). Néanmoins, ces mêmes articles de journaux et reportages de radio constitueraient prétendument les «faits de notoriété publique» qui n'avaient aucun besoin d'être prouvés (Article 21 des règles de preuve, I 15 [16], II 246 [279]).

Dans la défense de Fritzsche, mention fut faite qu'il n'y a aucune convention internationale réglementant la propagande ou des reportages d'atrocités, vraies ou fausses; une seule loi d'un seul pays (la Suisse) interdirait les insultes à un chef d'Etat étranger.

Le fait que Fritzsche ne pouvait être coupable d'aucun délit fut, à Nuremberg, tout simplement hors de propos. On trouvait peu souhaitable de mener un «procès» dans lequel tous les accusés auraient été trouvés coupables. Dans les marchandages précédant le verdict final il fut décidé que Fritzsche pouvait être acquitté (XVII 135-261 [152-286], XIX 312-352 [345-388]).

WALTER FUNK

Funk était un pianiste classique d'une famille extrêmement respectée, marié depuis 25 ans à l'époque du procès, et ancien éditeur financier. Comme la majorité des accusés, Funk fut accusé d'avoir commis des «actes immoraux», preuves de sa «participation volontaire au Projet Commun», comme d'avoir accepté des cadeaux d'Hitler le jour de son anniversaire (il est évident que de tels actes ne sont pas illégaux). Funk déclara que les Britanniques et les Polonais avaient conspiré pour provoquer la guerre contre l'Allemagne en croyant que les généraux renverseraient Hitler (XIII 111-112 [125-126]).

Funk fut accusé d'avoir conspiré avec la SS pour financer la production pour la guerre en tuant les prisonniers dans des camps de concentration et en leur en retirant des dents en or. Les dents auraient été prétendument gardées dans un coffre-fort à la Reichsbank avec de vieux rasoirs, stylos, gros réveils-matin et autres objets de rebut plus ou moins sans valeur.

Le témoignage de Rudolf Höss selon lequel les dents avaient été fondues à Auschwitz fut oublié (XI 417 [460]). Funk certifia que les quantités et types de butin étaient «absurdes», ajoutant que la SS agissait comme police de douane, renforçant des réglementations de change, y compris une prohibition de toute propriété en or et en argent, aussi bien qu'en monnaie ou billets de banque étrangers. Il était tout à fait normal que la SS, une agence du gouvernement, possède des comptes financiers et que ces comptes contiennent des 20 objets de valeur. Les Allemands gardaient des objets de valeur dans les mêmes chambres-fortes que la SS, et la Reichsbank n'y avait pas accès, parce qu'il s'agissait de dépôts de sécurité en coffres-forts privés.

Avec les bombardements, des quantités croissantes d'objets de valeur vinrent à être déposés dans les chambres-fortes par des citoyens allemands ordinaires. Finalement, après une attaque particulièrement destructrice sur la banque, les objets de valeur furent retirés et déposés dans une mine de potassium en Thuringe. Ces objets furent trouvés dans la mine par les Américains, qui en falsifièrent un film.

Funk et son avocat démontrèrent les truquages du film en utilisant un témoin de l'accusation dans ce qui fut sans doute parmi les contre-interrogatoires et témoignages les plus astucieux de tout le procès (XIII 169 [189-190], 203-204 [227-228], 562-576 [619-636], XXI 233-245 [262-275]).

Vite démolie également fut la déclaration ridicule de Oswald Pohl, document 4045-PS, dans laquelle Funk était accusé d'avoir parlé de l'utilisation des dents en or de juifs massacrés pour financer la production de guerre, lors d'un dîner en présence de dizaines d'invités et aussi de serveurs (XVIII 220-263 [245-291]). Cette déclaration était écrite en allemand et signée par Robert Kempner comme témoin. Plus tard, Pohl fut déclaré coupable d'avoir massacré des victimes en 10 «chambres à vapeur» à Treblinka pour fabriquer des «paillassons» avec leurs cheveux (NMT IV 1119-1152) (Fourth Military Tribunal, Nuremberg). Funk croyait, comme les autres accusés, que des crimes avaient été commis, mais maintenait qu'il n'en avait rien su personnellement. Sa croyance dans la réalité des crimes ne constitue pas, en soi, une preuve de la véracité de cette croyance.

KURT GERSTEIN

Kurt Gerstein est cité fréquemment comme «témoin» de l'Holocauste; néanmoins, ce n'est pas exact. Par «témoin» on comprend normalement quelqu'un qui a vu quelque chose et qui apparaît pour témoigner de ses connaissances personnelles. Ce que Gerstein ne fit pas. Gerstein était un déposant qui n'a pas prêté serment, ce qui veut dire qu'il s'agit d'un nom qui apparaît à la fin d'une «déclaration», écrite à la machine en français, probablement non écrite par lui (document 1553-PS, rejeté comme preuve au premier procès de Nuremberg) (VI 333-334 [371-372], 362-363 [398-399]).

Une des histoires qui courent concernant Gerstein prétend qu'il aurait écrit sa déclaration dans la prison du Cherche-Midi en France, à Paris, après quoi il se serait immédiatement suicidé, et le cadavre aurait mystérieusement disparu. Il est beaucoup plus probable que la déclaration ait été écrite en français par un interrogateur-«interprète» juif-allemand, et que quelques-unes des fameuses contradictions (par exemple, l'hiver au mois d'août, ou celle d'être en voiture dans une phrase et en train dans la phrase suivante) soient dues à une transcription imparfaite des notes d'interrogatoire sous la forme d'une déclaration. Dans les procès de crimes de guerre d'importance secondaire ou japonais, de telles déclarations sans serment sont assez courantes, selon la théorie qu'elles possèdent une «valeur probante» mais de moins de «poids» que des déclarations sous serment. Il est aussi possible que Gerstein soit mort suite aux blessures infligées pendant l'«interrogatoire»; ou peut-être se pendit-il d'une façon insolite avec une bande de machine à écrire.

Plus tard, ce document fut largement cité dans le procès de Oswald Pohl, où il fut «prouvé» que Treblinka avait possédé 10 «chambres à gaz» (1553-PS) et 10 «chambres à vapeur» (3311-PS) dans le même camp, en même temps.

G. M. GILBERT

Une des histoires les plus connues concernant le comportement et la psychologie des accusés au procès de Nuremberg est celle du psychologue G.M. Gilbert, né en Allemagne, dans son livre *Nuremberg Diary*. Beaucoup de son matériel consiste en des conversations que les accusés ou d'autres personnes auraient prétendument tenues avec Gilbert ou entre eux (!); on prétend que Gilbert aurait transcrit les conversations de mémoire, après coup.

Une comparaison des «conversations» avec le procès-verbal des audiences montrera que les accusés ne parlaient pas dans le style attribué à eux par Gilbert. Gilbert ne prit pas de notes; personne d'autre n'était présent pendant les «conversations». Ceux qui veulent croire que les documents 1014-PS, 798-PS et L-3 sont des «discours d'Hitler», au moins par comparaison avec le document Ra-27, peuvent continuer à croire que le livre de Gilbert rapporte des «propos des accusés au procès de Nuremberg».

Il n'est pas exclu néanmoins que les accusés aient pu faire des propos similaires à ceux prétendument «inscrits dans la mémoire» de Gilbert. Gilbert croyait que les accusés avaient gazé des millions de juifs. S'ils ne ressentaient cependant aucun sentiment de culpabilité, c'était la preuve de leur «schizophrénie». Il est évident qu'une telle croyance de la part de Gilbert ne pouvait qu'exercer une influence sur sa perception et sa mémoire jusqu'à un certain point, même s'il relate la vérité autant qu'il en est capable. S'il mentait, il n'était pas le seul «Américain» à Nuremberg à le faire.

Telford Taylor, par exemple, était tout simplement incapable de répéter les propos les plus simples dans un esprit de respect pour la vérité (cf. XX 626 [681-682]), les propos du général Manstein, à comparer à XXII 276 [315]), la «citation» de Manstein par Taylor).

La meilleure preuve de la malhonnêteté de Gilbert est ce qu'il écrit à la date du 14 décembre 1945: «Le major Walsh continua à lire la preuve documentaire de l'extermination des juifs à Treblinka et à Auschwitz. Un document polonais déclarait: "Toutes les victimes devaient enlever leurs vêtements et souliers, qui furent ramassés; après quoi toutes les victimes, les femmes et enfants d'abord, furent poussées dans les chambres de la mort et les petits enfants tout simplement jetés dedans"» (p. 69, première édition).

La «preuve documentaire» est, bien sûr, un «rapport de crimes de guerre» communiste, et les «chambres de la mort» se révèlent être, naturellement, des «chambres à vapeur» (III 567-568 [632-633]).

HERMANN GÖRING

Göring fut accusé d'avoir créé le système des camps de concentration et d'avoir comploté une «guerre d'agression» contre la Pologne. Sa défense fut que l'Allemagne était un état souverain, reconnu par tous les gouvernements du monde (XXI 580-581 [638-639]); qu'Hitler était légalement élu; que chaque nation a le droit de légiférer et d'organiser ses affaires comme elle le croit bon; que le général von Schleicher avait tenté de gouverner illégalement et en violation de la constitution sans le soutien des nationaux-socialistes; que l'Allemagne avait été au bord de la guerre civile en 1933; que des camps de concentration avaient été inventés par les Britanniques pendant la Guerre des Boers, et que l'internement des ressortissants de pays hostiles et des adversaires politiques avait été pratiqué par la Grande-Bretagne et les Etats-Unis pendant la Seconde Guerre mondiale.

L'ordre de créer les camps avait été sans aucun doute légal, en conformité avec une clause d'urgence de la Constitution de Weimar; l'ordre fut signé par Hindenburg (décret du président du Reich du 28 février 1933) en vertu de l'article 48, paragraphe 2, de la Constitution de Weimar (XVII 535 [581], XIX 357 [394]).

Selon un document présenté par l'accusation, document R-129 (III 506 [565-566])), il y aurait eu 21 400 prisonniers dans tous les camps de concentration allemands confondus en 1939; en même temps, 300 000 personnes auraient été enfermées dans des prisons ordinaires (XVII 535-536 [581-582], XX 159 [178]).

Un an après la guerre, 300 000 Allemands étaient toujours enfermés dans des camps d'internement alliés selon des clauses de «détention 24 automatique» des conventions alliées (par exemple, le point B-5 de la Déclaration commune de Potsdam) (XVIII 52 [62]).

La plupart des prisonniers dans les camps de concentration allemands étaient des communistes ou des criminels de droit commun (XVII 535-536 [581-582], XXI 516-521 [570-576], 607-614 [677-685]). Pendant la guerre, suite au blocus, le système des camps avait été étendu pour utiliser la main-d'œuvre des ressortissants des pays ennemis, les criminels, Témoins de Jéhovah et communistes. Il fut indiqué que l'Amérique emprisonna 11 000 Témoins de Jéhovah (XI 513 [563]). La Grande-Bretagne a combattu pendant les deux guerres mondiales au mépris du droit international, en réduisant l'Allemagne et tous les territoires occupés à la famine par le blocus (XIII 445-450 [492-497], XVIII 334-335 [365-367]). Ce fut cela qui nécessita l'introduction des réquisitions et du travail obligatoire dans les territoires occupés, légal selon l'article 52 de la Quatrième Convention de La Haye sur la guerre terrestre du 18 octobre 1907. Ce fut cela qui rendit les populations heureuses de pouvoir travailler en Allemagne et de remettre des salaires à leurs familles (entre 2 et 3 milliards de marks pendant la guerre).

Les «esclaves» payaient des impôts allemands sur leurs salaires et en cas de punition les amendes ne pouvaient pas excéder le salaire d'une semaine (V 509 [571]). En cas de transgression grave de discipline, ils pouvaient être envoyés en camp de travail (mais non en camp de concentration) pour une période qui ne pouvait pas excéder 56 jours (XXI 521 [575-576]). Il était strictement interdit de les battre ou de les maltraiter.

Des prisonniers de guerre pouvaient être relâchés des camps de prisonniers de guerre pour travailler dans l'industrie; dans ce cas, ils étaient traités comme n'importe quel autre travailleur industriel (XVIII 496-498 [542-544]), mais ils perdaient la protection de la Convention de Genève sur les prisonniers de guerre. Ils ne pouvaient pas être forcés à le faire.

Le régime de Vichy en France obtint la libération et le retour immédiat chez lui d'un prisonnier de guerre pour trois travailleurs envoyés en Allemagne sous contrat pour une période de 6 mois au minimum (XVIII 497 [543]). Il n'était pas possible de violer la Convention de Genève sur les prisonniers de guerre en forçant des prisonniers de nationalité française, belge ou hollandaise à participer à des hostilités contre leur propre pays, parce que leur propre pays ne combattait plus (XVIII 472-473 [516].

Concernant l'attaque contre la Pologne, la crise polonaise exista pendant plus d'un an avant le Pacte Molotov-Ribbentrop et les attaques allemande et soviétique.

Pendant tout ce temps, les Polonais n'avaient jamais appelé à une procédure d'arbitrage internationale et impartiale, jamais appelé la Société des Nations, parce qu'ils ne voulaient pas d'une solution équitable.

Les Polonais se contentaient de violer leurs conventions internationales par l'expulsion des citoyens polonais d'origine allemande ainsi que de centaines de milliers de juifs (XVI 275 [304]).

L'afflux de juifs polonais fut la cause immédiate principale de l'antisémitisme allemand, selon beaucoup d'accusés et de témoins de la défense (XXI 134-135 [155], XXII 148 [169]). Des juifs polonais avaient été impliqués dans de nombreux scandales financiers et escroqueries, comme l'affaire Barmat-Kutitska (XXI 569 [627]).

Concernant la «conspiration pour faire la guerre en violation du droit international», c'était naturellement les Britanniques qui en étaient coupables, par leurs bombardements en masse des villes.

Les soldats allemands allaient à la bataille avec des instructions détaillées selon lesquelles la propriété privée devait être respectée, des prisonniers devaient être traités avec humanité, les femmes devaient être respectées, etc. (IX 57-58 [68-69], 86 [100-101], XVII 516 [560]).

Des procès fréquents avec de fréquentes condamnations à mort furent tenus par les forces armées allemandes contre des membres de leurs propres unités accusés de viol ou de pillage, même si la valeur des objets était insignifiante (XVIII 368 [401-402], XXI 390 [431], XXII 78 [92]).

La réquisition de propriétés gouvernementales était légale selon la Convention de La Haye. L'Union soviétique n'était pas signataire de cette convention. En tout cas, dans les pays communistes, la propriété privée n'existait pas. Göring dit qu'il était allé en Russie et que les gens là-bas n'avaient rien à voler (IX 349-351 [390-393]).

En outre, les Alliés étaient en train de faire eux-mêmes à l'époque tout ce qu'ils avaient reproché aux Allemands (XXI 526 [581]; XXII 366-367 [418-420]).

Göring détruisit l'accusation concernant des «expérimentations médicales dans une chambre à pression», disant que tout aviateur devait tester ses réactions en haute altitude; il n'y avait rien d'anormal dans une prétendue «chambre à pression» (XXI 304-310 [337-344]).

Les Américains continuaient de réaliser des expérimentations médicales provoquant la mort pendant le procès de Nuremberg même (XIX 90-92 [102-104]; voyez aussi XXI 356, 370 [393, 409]).

Il fut prétendu, non sans ironie, que la «guerre défensive» pouvait s'étendre jusqu'à l'attaque préventive (XXII 448 [508]) ou bien aux attaques pour protéger des citoyens d'un pays étranger contre leur propre gouvernement (XIX 472 [527], XXII 37 [49]), sauf quand c'étaient des Allemands qui le faisaient (X 456 [513]). Des objections selon lesquelles les Allemands n'avaient fait que cela furent ignorées.

Les Soviétiques avaient concentré 10 000 chars et 150 divisions le long de la frontière orientale de la Pologne et avaient augmenté le nombre des aéroports dans la section russe de la Pologne de 20 à 100.

Des plans détaillés furent trouvés plus tard qui n'auraient pas été nécessaires pour des objectifs purement défensifs. Du côté allemand, on croyait qu'attendre une attaque sur les champs de pétrole de la Roumanie ou les champs de charbon de la Silésie aurait été suicidaire (XIX 13-16 [20-23], XX 578 [630-631], XXII 71 [85]).

Il semble improbable que des nations avec de gigantesques empires coloniaux (Grande-Bretagne, France) ou des prétentions sur des hémisphères entiers (Etats-Unis) aient pu s'accorder sur une définition crédible de la «guerre agressive».

Il fut même admis au jugement du procès de Nuremberg que les termes «défense», «agression» et «conspiration» ne reçoivent pas de définition (XXII 464, 467 [527, 531]). La «guerre défensive» est sans doute le «*bellum justum*» médiéval rhabillé d'un jargon libéral (IX 236-691 [268-782], XVII 516-550 [560-597], XXI 302-317 [335-351]).

RUDOLF HESS

Selon le rapport de Robert H. Jackson (cité par le juge Bert. A. Röling du Tribunal de Tokyo, cf. *A Treatise on International Criminal Law*, vol. 1, p. 590-608, édité par M. Cherif Bassiouni et Ved F. Nanda, Chas Thomas Publishers), les Britan-niques, les Français et les Soviétiques n'avaient aucun désir d'accuser les Allemands de «guerre agressive» au procès de Nuremberg, pour des raisons bien évidentes. Cette accusation fut inventée par les Américains avec l'objectif unique, exprès et admis, de justifier leurs propres et nombreuses violations du droit international.

De telles violations du droit international se seraient étendues au Programme Prêt-Bail; au convoyage et à la réparation des navires de guerre britanniques pendant deux ans avant Pearl Harbor; à la permission donnée à des navires de guerre britanniques de se déguiser en Américains tandis que l'Amérique était toujours officiellement neutre; à la déclaration illégale d'une limite des eaux territoriales à 300 miles; à l'occupation de l'Islande; au compte rendu des mouvements des sous-marins allemands et italiens; aux attaques à la bombe et par collision avec des sous-marins allemands et italiens dès le mois de juillet 1941; et autres actes évidemment constitutifs de «guerre agressive».

Donc, Hess fut emprisonné pendant 47 ans non seulement pour des actions qui n'étaient pas illégales (sa tentative héroïque d'arrêter la guerre, de sauver des millions de vies humaines et d'éviter la destruction de l'Europe et de l'Empire britannique), mais pour des «crimes» inventés pour cacher les crimes de ses accusateurs. On n'a pas prétendu à Nuremberg que l'Allemagne avait commis une «agression» contre la Grande-Bretagne et la France; mais la question de savoir si la Grande-Bretagne et la France avaient commis une «agression» contre l'Allemagne est restée sans réponse (IX 473 [525], XVII 580 [629]).

Hess fut accusé d'avoir comploté pour leurrer la Grande-Bretagne afin qu'elle sorte de la guerre, de façon qu'Hitler puisse attaquer l'Union soviétique. La défense de Hess fut que son action était motivée par de la sincérité pure; il ne savait rien d'une quelconque attaque contre la Russie.

Le plaidoyer de la défense pour Rudolf Hess apparaît à XIX 353-396 [390-437]. La dernière déclaration (et presque unique) faite par Hess oralement (XXII 368-373 [420-425]) donne l'impression d'un homme capable d'être totalement dérangé à un moment donné, puis brillamment lucide, sain et logique un moment plus tard. Il est possible que cette condition ait été acquise en Grande-Bretagne.

RUDOLF HÖSS

Rudolf Höss fut le commandant du camp d'Auschwitz dont les prétendues «confessions» ont «prouvé» qu'Hitler avait gazé six millions de juifs (ou cinq millions, chiffre normalement cité au procès de Nuremberg). Sa «confession» la plus connue est celle citée par William L. Shirer aux pages 968-969 de *The Rise and Fall of the Third Reich*.

Ce document, 3868-PS, doit être replacé dans son contexte. La «déclaration» écrite *ex-parte* (c'est-à-dire que seulement une des parties intéressées est présente) était l'un des outils principaux de l'accusation dans les procès de sorcellerie médiévaux; cet outil disparut ensuite pendant plusieurs siècles pour réapparaître dans des procès spectacles communistes et des procès de crimes de guerre.

Ces documents constituaient une infraction de plusieurs règles de procédure pénale normale, par exemple la règle contre les questions tendancieuses; la règle contre la présentation de déclarations antérieures concordantes (c'est-à-dire la multiplication de preuves par répétition, en disant la même chose dix fois; normalement de telles déclarations ne sont présentées que quand elles contredisent des déclarations faites plus tard); le droit de l'accusé d'être confronté à son accusateur et de le contre-interroger; et le privilège contre l'autoaccusation.

Les «preuves» introduites dans des procès de crimes de guerre ne seraient même pas admissibles devant un tribunal militaire normal. Même en 1946, la présentation de déclarations écrites par les autorités de l'accusation devant un tribunal militaire dans un cas capital était interdite par l'article 25 des US Articles of War [articles de guerre]. L'article 38 demandait l'utilisation des règles d'administration normales en matière de preuve [Federal Rules of Evidence].

Au procès de Nuremberg, il n'a jamais été prétendu que Höss avait écrit ce document personnellement. Si cela avait été le cas, le document aurait dit, non pas «Je comprends l'anglais comme il a été écrit ci-dessus», mais plutôt «J'ai écrit ce document moi-même». Dans des procès de crimes de guerre de moindre importance (Hadamar, Natzweiler, etc.), il est tout à fait courant de trouver des «confessions» écrites totalement de la main de l'interrogateur, en anglais, avec une déclaration finale de la main du prisonnier, en allemand, disant que ce sont des déclarations du prisonnier, lequel se déclare satisfait de la traduction en anglais! Une autre formule se trouve à la page 57 du volume Hadamar de *War Crimes Trials*, écrit par l'accusateur Sir David Maxwell-Fyfe:

«I certify that the above has been read to me in German, my native tongue» [Je certifie que la déclaration ci-dessus m'a été lue en allemand, ma langue maternelle].

On prétendait que le prisonnier avait été interrogé par un interrogateur sous la forme de questions et de réponses; les questions avaient été ensuite supprimées et les réponses regroupées sous forme de déclaration, le plus souvent par une autre personne que celle qui a posé les questions. Dans le procès Belsen, par exemple, toutes les déclarations furent écrites par un seul officier, le major Smallwood. Dans ce procès, une espèce de procès combiné Auschwitz-Belsen, les avocats britanniques et polonais non communistes, désignés par le tribunal, démolirent l'accusation tout entière – y compris les «sélections pour des gazages 30 en masse» – mais leur argumentation fut rejetée au prétexte que des déclarations faites involontairement et par ouï-dire étaient admissibles «non pas pour condamner des innocents, mais pour condamner des coupables» (*Law Reports of Trials of War Criminals*, vol. II (ce maigre volume doit être lu dans son intégralité).

Après l'établissement de la déclaration par l'officier qui ne faisait rien d'autre que de préparer des «déclarations», elle était présentée au prisonnier pour signature.

S'il refusait de la signer, la déclaration était présentée au tribunal comme preuve tout de même: dans le jargon des procès de crimes de guerre, des objections s'appliquaient contre le «poids» du document, mais non contre son «admissibilité».

Un exemple d'une déclaration non signée par Höss est le document NO-4498-B. La lettre B veut dire que le document est une «copie», avec signature écrite à la machine, d'un document «original», le document NO-4498-A, écrit en polonais, prétendument signé par Höss. Il y a aussi un document NO-4498-C, en anglais. Les déclarations A et C ne sont pas annexées à la déclaration B, prétendue «copie conforme».

Le document 3868-PS, cité par Shirer, fut signé en anglais, 3 fois, mais jamais dans la «traduction» en allemand datée 3 jours plus tard. Le document contient une modification insignifiante paraphée par Höss, avec un «h» minuscule, et toute une phrase de la main de l'interrogateur (comparez les «W» majuscules), jamais paraphée par Höss. Le but du paraphe est évident, c'est de «prouver» que Höss avait «lu et corrigé» le document. Le contenu de la phrase est réfuté autre part (XXI 529 [584]).

Quand la déclaration était présentée au prisonnier, elle était quelquefois excessivement corrigée, avec le résultat de deux versions ou plus du même document. Dans ces cas, les versions les plus longues sont «citées», tandis que les versions les plus courtes sont «perdues».

Un exemple de cette pratique est le document D-288, cité par William L. Shirer aux pages 948-949, la déclaration de Wilhelm Jäger (voyez Albert Speer). Jäger témoigna qu'il avait signé 3 ou 4 copies de ce document, qui était d'ailleurs beaucoup plus court. La déclaration plus courte fut à l'origine présentée contre Krupp aîné avant l'abandon de l'accusation contre lui. Dans cette déclaration, la plus longue, la traduction en anglais porte une date antérieure à la date de signature de «l'original».

La comparution de Jäger devant le tribunal fut un désastre total, mais cela a été oublié (XV 264-283 [291-312]). Si le signataire apparaissait pour témoigner, il contredisait invariablement sa déclaration, mais les contradictions sont ignorées.

Parmi d'autres signataires de déclarations dont les comparutions devant le tribunal furent catastrophiques, il y a, entre autres, le général Westhoff, qui contredit sa «déclaration» sans serment 27 fois (XI 155-189 [176-212]) ainsi qu'un «expert en guerre bactériologique», Schreiber, (XXI 547-562 [603-620]).

La déclaration de Paul Schmidt (Schmidt fut l'interprète d'Hitler), document 3308-PS, lui fut présentée pour signature alors qu'il était trop malade pour la lire soigneusement et fut partiellement rejetée par lui plus tard (X 222 [252]); cette déclaration fut utilisée tout de même contre von Neurath, malgré son rejet par Schmidt (XVI 381 [420-421] XVII 40-41 [49-50]).

Ernst Sauckel signa une déclaration écrite avant son arrivée à Nuremberg (XV 64-68 [76-80]) et il signa sous contrainte (sous la menace de voir sa femme et ses 10 enfants livrés aux Polonais ou aux Russes).

Parce que les signataires n'écrivaient que très rarement (sinon jamais) leurs propres «déclarations», il est tout à fait courant de trouver des phrases ou des paragraphes tout entiers dans différents documents, même quand ces documents prétendent avoir été préparés à des dates différentes par des personnes différentes, par exemple, les déclarations 3 et 5 de Blaskovitz et Halder (pièces à conviction 536-US et 537-US, documents URSS-471 et URSS 472 et 473 et documents URSS-264 et 272, déclarations concernant le savon en graisse humaine).

Parmi d'autres déclarations signées par Höss on trouve, entre autres, le document NO-1210, dans lequel l'anglais fut écrit d'abord, avec des interpolations, ajouts et corrections en grand nombre, y compris deux projets différents pour les pages 4 et 5, puis traduit en allemand et signé par Höss. C'est-à-dire que le «document original», c'est la traduction et, la «traduction», c'est le document original.

Le document D-749(b) fut «traduit oralement» de l'anglais vers l'allemand pour Höss, avant d'être signé. La signature est faible jusqu'à être illisible, ce qui pourrait être un signe de maladie, de fatigue ou de 32 mauvais traitements. Les mauvais traitements ont été décrits par Rupert Butler dans *Legions of Death* (Hamlyn Paperbacks).

La «confession» citée par Sir David Maxwell-Fyfe le 1er avril 1946 (s'il ne s'agit pas d'un poisson d'avril), dans laquelle Höss aurait «confessé» le meurtre de 4 millions de juifs (X 389 [439-440]) au lieu des 2,5 millions de juifs mentionnés dans sa «confession» du 5 avril 1946, ou bien n'a jamais existé, ou bien fut vite «perdue».

Il n'est pas vrai que le témoignage de Höss au procès de Nuremberg ait consisté, pour l'essentiel, en une confirmation des affirmations faites dans sa «déclaration»; cela est vrai seulement de son contre-interrogatoire par le colonel John Amen de l'U.S. Army.

Au contraire, Höss apparut pour témoigner, et, comme d'habitude, se contredit lui-même ainsi que sa déclaration (XI 396-422 [438-466]).

Par exemple, là où la déclaration affirme (XI 416 [460]) que «nous savions quand les victimes étaient mortes parce qu'elles cessaient de crier» (une impossibilité toxicologique évidente), son témoignage oral (XI 401 [443], en réponse à des interrogations grossièrement tendancieuses de «l'avocat pour la défense» de Kaltenbrunner), affirma que les gens devenaient inconscients, ce qui n'explique pas comment il pouvait «savoir» à quel moment précis ils étaient morts.

Il semble que Höss ait oublié de mentionner qu'il fallait 2 jours pour tuer des insectes avec du Zyklon, un fait qu'il mentionna autre part (document NI-036, p. 3, texte allemand, réponse à la question 25; voyez aussi *Kommandant in Auschwitz*, p. 155). Avec un poison d'une aussi lente efficacité, les gens auraient d'abord étouffé.

Höss prétendit que l'ordre de tuer les juifs d'Europe avait été donné oralement (XI 398 [440]), tandis que des ordres de garder le secret concernant les tueries avaient été donnés plusieurs fois par écrit (XI 400 [442].

Il prétendit que des victimes avaient été brûlées dans des fosses à Auschwitz (dans des terres notoirement marécageuses) (XI 420 [464]); que les dents en or avaient été fondues sur place (XI 417 [460]); qu'une évacuation des prisonniers pour éviter leur capture par les Russes avait conduit à des décès évitables (XI 407 [449-450]), et, à peu de choses près, qu'il n'y avait pas eu de programme d'extermination du tout! Cela vaut la peine d'être cité: «Avant l'éclatement de la guerre en 1939, la situation dans les camps en ce qui concerne la nourriture, le logement et le traitement des prisonniers était la même qu'en toute autre prison ou institution pénitentiaire du Reich. Les prisonniers étaient traités strictement, oui, mais des coups ou des mauvais traitements systématiques étaient hors de question.

Le Reichsführer avertit à plusieurs reprises que tout SS qui brutaliserait un prisonnier serait puni, et très fréquemment des SS qui maltraitaient des prisonniers étaient effectivement punis. La nourriture et le logement en ce temps-là étaient au même niveau que pour les autres prisonniers sous administration légale. Le logement dans les camps dans ces années-là était toujours normal parce que les afflux en masse pendant la guerre n'avaient pas encore eu lieu. Avec le début de la guerre et le commencement des livraisons en masse de détenus politiques, et, plus tard, avec l'arrivée des détenus membres des mouvements de résistance des territoires occupés, la construction de bâtiments et l'extension des camps ne pouvait plus aller de pair avec le nombre de détenus qui arrivait. Pendant les premières années de la guerre, ce problème pouvait toujours être surmonté avec des mesures d'improvisation; mais, plus tard, en raison des exigences de la guerre, ce ne fut plus possible, étant donné qu'il n'y avait plus de matériaux de construction disponibles.»

[N.B.: On prétend que les cadavres étaient brûlés en utilisant du bois comme combustible!] «Ceci mena à une situation où des détenus dans les camps n'avaient plus de pouvoir de résistance suffisant contre les fléaux sanitaires de toute sorte qui se multipliaient (...)

«Le but n'était pas d'avoir autant de morts que possible ou de détruire autant de détenus que possible. Le Reichsführer était constamment soucieux d'engager toutes les forces possibles dans les industries de l'armement (...)

«Ces prétendus mauvais traitements et tortures dans les camps de concentration, histoires qui étaient répandues partout dans les populations, et particulièrement parmi les détenus qui étaient libérés par les armées d'occupation, n'étaient pas, comme on le suppose, infligés méthodiquement mais individuellement, par des chefs, des sous-chefs et des hommes qui commettaient des brutalités (...)

«Si de toute façon une telle affaire était portée à mon attention, le coupable était, bien sûr, relevé de son poste ou transféré autre part. De façon que, même s'il n'était pas puni pour cause d'insuffisance de preuves démontrant sa culpabilité, il était relevé de son poste et affecté ailleurs (...)

«La situation catastrophique à la fin de la guerre était due au fait que, comme résultat de la destruction des chemins de fer et des bombardements constants des usines industrielles, il n'était plus possible de soigner ces masses comme il le fallait, par exemple à Auschwitz avec ses 140 000 prisonniers. Des mesures improvisées, des colonnes de camions, et tout ce qui était tenté par les commandants pour améliorer la situation, tout cela ne servit à rien, ou presque. Le nombre des malades augmentait jusqu'à l'infini. Il n'y avait presque pas de médicaments, des épidémies faisaient rage partout. Des détenus qui étaient capables de travailler étaient utilisés continuellement par ordre du Reichsführer; même des demi-malades devaient être utilisés partout dans l'industrie. Comme résultat, toute place, même petite, dans les camps de concentration capable d'être utilisée éventuellement comme logement, était occupée par des détenus malades et mourants (...)

«A la fin de la guerre, il y avait toujours 13 camps de concentration. Tous les autres points qui sont marqués ici sur la carte représentent ce que l'on a appelé des camps de travail attachés aux fabriques d'armements situées au même endroit (...)

«S'il y a eu des mauvais traitements de détenus par des gardiens, personnellement je n'en ai jamais vu, alors ce n'était possible que dans une très petite mesure, puisque tous les officiers responsables des camps prenaient des mesures pour s'assurer que les SS aient le moins de contacts immédiats possible avec les prisonniers, parce que, avec les années, le personnel de gardiennage se dégrada jusqu'à un point tel que les anciennes normes ne pouvaient plus être maintenues (...)

«Nous avions des milliers de gardiens qui ne parlaient presque pas l'allemand, qui venaient de tous les pays du monde comme volontaires et qui se sont fondus dans ces unités; ou nous avions des hommes plus vieux, entre 50 et 60 ans, qui manquaient de tout intérêt pour leur travail, de manière qu'un commandant devait vérifier continuellement s'ils remplissaient même les normes les moins exigeantes de leurs devoirs.

«De plus, il était évident qu'il y avait des éléments parmi eux qui maltraitaient des détenus, mais on n'a jamais toléré de tels mauvais traitements. D'ailleurs, ce n'était pas possible d'avoir ces masses de gens dirigées par des SS au travail ou dans le camp, c'est pourquoi il fallait déléguer des détenus pour donner des instructions à d'autres détenus et les mettre au travail, et ces cadres détenus avaient presque exclusivement l'administration du camp dans leurs mains. Bien sûr, il y eut beaucoup de mauvais traitements qu'on ne pouvait pas éviter, parce qu'il n'y avait presque pas de membres de la SS dans les camps la nuit. Les SS n'avaient l'autorisation d'entrer dans les camps que dans des cas spécifiques, ce qui fait que les détenus étaient plus ou moins exposés aux détenus surveillants.».

Question (posée par l'avocat de la défense des S.S., le Dr. Ludwig Babel):

«Vous avez déjà mentionné des réglementations qui existaient pour les gardiens, mais il y avait aussi un ordre établi pour tous les camps. Dans cet ordre des camps, on a établi les punitions pour les détenus qui commettaient des infractions contre les règles du camp. De quelles punitions s'agissait-il?»

Réponse:

«D'abord, un transfert vers une "compagnie disciplinaire" (Strafkompanie), c'est-à-dire du travail plus dur, et des restrictions sur le logement; puis, détention dans le bloc de cellules, détention dans une cellule obscure et, dans des cas très sérieux, enchaînement ou maintien par des entraves. La 36 punition avec des entraves (Anbinden) fut interdite en 1942 ou 1943, je ne sais plus quand exactement, par le Reichsführer.

«Puis il y a eu la punition consistant à se tenir au garde-à-vous pendant une longue période à l'entrée du camp (Strafstehen), et puis la punition par des coups. Cependant, cette punition par des coups ne pouvait pas être ordonnée par n'importe quel commandant de façon indépendante. Il pouvait la demander.» –Témoignage oral de Rudolf Höss, 15 avril 1946 (XI 403-411 [445-454]).

Höss semble être motivé par le désir de sauver sa femme et ses deux enfants, et de sauver d'autres accusés par un témoignage selon lequel seulement soixante personnes avaient été au courant des exterminations de masse. Höss tenta de sauver Kaltenbrunner par l'implication de Eichmann et Pohl, qui n'avaient pas encore été capturés (pour un cas similaire, voir la déclaration de Heisig, qui avait voulu impliquer Raeder, XIII 460-461 [509-510]).

Höss fut un «témoin pour la défense», et son contre-interrogatoire par l'accusation fut coupé court par l'accusation elle-même (XI 418-419 [461-462]). Peut-être avait-elle peur que Höss ne fasse se déchirer tout son tissu de mensonges.

La fameuse «autobiographie» de Höss, *Kommandant in Auschwitz*, probablement établie sous forme de questions et réponses dans des interrogatoires, comme une «déclaration» gigantesque, et puis réécrite pour être ensuite recopiée de la main de Höss, n'est pas beaucoup mieux.

Dans ce livre, texte allemand, des feux de crémation étaient visibles à de nombreux kilomètres (p. 160-161), la puanteur était perceptible à des kilomètres de là (p. 159), tout le monde dans la région avait connaissance des exterminations (p. 159), les victimes savaient qu'elles seraient gazées (p. 110, 111, 125), mais il était cependant possible de les tromper (p. 123-124; voir aussi document 3868-PS), mais sa famille à lui n'en avait jamais rien su (p. 129-130).

Höss était un alcoolique chronique qui «confessa» des énormités quand il avait bu (p. 95) ou quand il avait été torturé (p. 145).

Il n'est pas vrai que, selon ce qui est écrit p. 126 de ce livre, texte allemand, des cadavres avaient été retirés des chambres à gaz par des Kapos mangeant et fumant et/ou ne portant pas de masque à gaz; le texte ne dit pas cela. Robert Faurisson a prouvé que Höss fit exactement cette affirmation, mais autre part, lors d'un interrogatoire.

La «traduction» polonaise de ce livre, publié avant le «texte original» allemand, semble concorder avec le texte allemand, sauf pour l'absence de nombreux noms de lieux et de dates en polonais; il semble que le polonais ait été écrit en premier lieu, ces détails y étant insérés plus tard dans la version allemande.

Les textes intégraux et non expurgés des «œuvres complètes» de Rudolf Höss (?) (en polonais) sont disponibles par prêt international bibliothécaire (*Wspomnienia Rudolfa Hössa, Komendanta Obozu Oswiecimskiego*).

PROCÈS DE CRIMES DE GUERRE JAPONAIS

Tandis que des accusés allemands étaient sur le point d'être condamnés pour avoir fabriqué du «savon humain» (pris au sérieux dans la septième édition du prestigieux Oppenheim & Lauterpacht's *International Law*, vol. II, p. 450), des accusés japonais allaient être condamnés, eux, pour avoir préparé de la «soupe humaine».

Il ne s'agit pas ici d'une faute de frappe («Soap/Soup»); au contraire, en 1948 il était considéré comme un «fait établi» que les Japonais étaient une race de cannibales invétérés, qui interdisaient sous peine de mort de dévorer leurs propres cadavres mais qui étaient officiellement encouragés à manger des Américains.

Le général Yamashita

Des Américains étaient servis frits, ou sous forme de soupe; des êtres humains étaient dévorés même quand d'autres produits comestibles étaient disponibles. C'est-à-dire que les Japonais se seraient livrés au cannibalisme par choix plutôt que par nécessité, les parties du corps préférées pour la cuisine étant le foie, le pancréas et la vésicule biliaire; et les Chinois auraient été consommés sous forme de pilules!

Parmi les procès dans lesquels cette accusation fut «prouvée» il y a, entre autres, U.S. vs. Tachibana Yochio and 13 others, Mariana Islands, 2-15 août, 1946; Commonwealth of Australia vs. Tazaki Takehiko, Wewaki, 30 novembre 1945; Commonwealth of Australia vs. Tomiyasu Tisato, Rabaul, 2 avril 1946; et le plus compliqué de tous les procès de crimes de guerre, le International Military Tribunal for the Far East (IMTFE), personnellement contrôlé par Douglas MacArthur.

Ce procès dura du mois de mai 1946 jusqu'en décembre 1948 (voir *The Tokyo Judgement*, vol. 1, p. 409-410, University of Amsterdam Press, 1977, p. 49 674-5 du procès-verbal ronéotypé.) Les 25 accusés qui survécurent au procès furent tous déclarés coupables; 7 furent pendus. Leurs crimes comprenaient entre autres: préparation, initiation et exécution d'une «guerre d'agression» contre l'Union soviétique (l'Union soviétique attaqua le Japon 2 jours après Hiroshima en violation d'un pacte de non-agression; le même jour, le London Agreement était signé, à la suite duquel se tint le procès de Nuremberg); préparation, initiation et exécution d'une «guerre d'agression» contre la France (la France est en Europe); blocus illégal maritime et bombardement sans discrimination de populations (cas contre Shimada, c'est-à-dire que ce que les Britanniques faisaient en Europe aurait été criminel si cela avait été l'œuvre des Japonais); jugement illégal de «criminels de guerre» devant un tribunal militaire (cas contre Hata et Tojo; voir aussi U.S. vs. Sawada, probablement l'accusation la plus écoeurante et hypocrite de toutes: les victimes étaient 7 Américains qui avaient bombardé sans discrimination la population japonaise, brûlant vifs 80 000 femmes et enfants); et cannibalisme. Il ne fut pas prétendu que les accusés avaient mangé qui que ce soit personnellement.

Les «preuves» comprenaient, entre autres:
• des rapports de commissions de crimes de guerre soviétiques;
• des rapports de commissions de crimes de guerre chinoises;
• des rapports soviétiques basés sur des documents japonais, qui ne furent pas annexés au rapport;
• des résumés des agressions militaires japonaises en Chine (établis par les Chinois);
• 317 Judge Advocate General War Crimes Reports (rapports américains de commissions de crimes de guerre, longueur totale: 14 618 pages); ces rapports étaient censés «citer» des documents japonais «saisis», tels que des journaux personnels, des confessions de cannibalisme, des ordres de commettre des exterminations de masse, des ordres de gazer des prisonniers sur des îles lointaines dans le Pacifique Sud, etc.; les documents «saisis» n'étaient pas annexés aux rapports; des preuves de leur authenticité (et existence) n'étaient pas exigées;
• des déclarations de soldats japonais prisonniers en Sibérie;
• des déclarations de soldats japonais se référant aux Japonais comme à «l'ennemi»;
• des déclarations d'officiers de l'Armée rouge;
• des déclarations d'aborigènes illettrés sur de petites îles du Pacifique Sud;
• des extraits de journaux américains (preuve admissible pour l'accusation, mais normalement pas pour la défense, c'est-à-dire que des événements en Chine furent prouvés par des citations du *Chicago*

Daily Tribune, du *New Orleans Times-Picayune*, du *Sacramento Herald, Oakland Tribune, New York Herald, New York Times, Christian Science Monitor*, etc.);

• la déclaration du marquis Takugawa (écrite en anglais et qui ne lui a jamais été lue en japonais);

• les propos de Okawa (Okawa fut déclaré fou et interné dans un asile d'aliénés, mais ses propos furent utilisés comme preuves);

• les témoignages de Tanaka (un témoin professionnel payé par les Américains; Okawa, alors qu'il était saoul, aurait tout confessé à Tanaka; Tanaka «le Monstre» Ryukichi fut prétendument responsable de millions d'atrocités, mais il ne fut jamais accusé; au contraire, il voyageait partout librement au Japon);

• le journal personnel de Kido (de bons morceaux de commérages concernant tous ceux que Kido n'aimait pas);

• les mémoires de Harada (Harada avait souffert d'une attaque cérébrale, si bien que le texte dicté par lui était inintelligible; jusqu'à quel point il était capable de se souvenir, et ce qu'il avait voulu dire, furent de la conjecture pure; les traductions furent des conjectures; beaucoup de «copies» avaient été «corrigées» par toute une série de personnes 40 auxquelles il n'avait rien dicté et qui n'étaient pas présentes; de plus, il avait la réputation d'être un menteur coutumier).

La réponse de l'accusation aux argumentations de la défense à la fin du procès rejeta toutes les preuves et témoignages de la défense par l'affirmation que les documents étaient les meilleurs témoins. Si l'accusation et la défense citent le même document, c'est que la défense les a cités hors du contexte, mais jamais l'accusation. L'ouï-dire posséderait valeur de preuve; des extraits de journaux auraient valeur de preuves; les témoignages des témoins de la défense n'auraient aucune valeur de preuves; des contre-interrogatoires seraient une perte de temps.

Cinq des 11 juges, William Webb, d'Australie, Delfin Jaranilla, des Philippines, Bert A. Röling, des Pays-Bas, Henri Bernard, de France, et R.B. Pal, d'Inde, présentèrent des jugements dissidents. Pal écrivit un jugement dissident de 700 pages dans lequel il caractérisa les preuves de l'accusation concernant les atrocités comme «sans valeur pour la plupart», remarquant avec sarcasme qu'il espérait qu'un des documents fût écrit en japonais.

Une particularité des procès de crimes de guerre, c'est que, loin de prouver quoi que ce soit, tous les procès se contredisent. On maintint dans le procès de Tokyo que les Chinois avaient eu le «droit» de violer des traités «injustes» et que les efforts de la part des Japonais pour faire respecter ces traités, du fait de «l'injustice» de ceux-ci, constituaient une «agression».

Quand les bombes atomiques furent lancées, Shigemitsu avait déjà tenté de négocier une capitulation depuis presque 11 mois, à partir du 14 septembre 1944. Ce fut naturellement transformé en un nouveau crime: «prolongation de la guerre par des négociations».

Les «preuves» des activités cannibales nippones peuvent être trouvées dans JAG Report 317, p. 12 467-8 du procès-verbal ronéotypé, pièces à conviction 1446 et 1447, p. 12 576-7, pièce à conviction 1873, p. 14 129-30, et pièces à conviction 2056 et 2056A et B, p. 15 032-42.

ALFRED JODL

Jodl fut pendu pour sa complicité dans le Kommandobefehl, un ordre de fusiller des soldats britanniques qui combattaient dans des vêtements civils et étranglaient leurs propres prisonniers de guerre (XV 316-329 [347-362]).

La défense de Jodl fut que le droit international est prévu pour protéger des hommes qui se comportent comme des soldats. On demande aux soldats de porter des armes ouvertement, de porter des insignes ou uniformes clairement reconnaissables et de traiter des prisonniers avec humanité. La guerre des partisans et les activités des commandos britanniques étaient prohibées par le droit international. Il était légal de mettre en jugement et exécuter de tels commandos si cela se faisait en conformité avec l'article 63 de la Convention de Genève sur les prisonniers de guerre de 1929 (N.B.: Voir aussi le *Dissentient Judgement of Judge Rutledge*, U.S. vs. Yamashita, et le Habeas Corpus Action of Field Marshall Milch).

En vérité, très peu d'hommes furent exécutés en conséquence de cet ordre (55 en Europe de l'Ouest, selon Sir David Maxwell-Fyfe, XXII 284 [325]. L'intention était de dissuader des hommes d'entreprendre un combat de ce genre, en croyant qu'ils pourraient simplement se rendre plus tard.

Un autre «crime» de Jodl fut sa notification au chef de l'armée qu'Hitler avait répété un ordre déjà donné, qu'une éventuelle offre de capitulation provenant de Léningrad ne devrait pas être acceptée.

Comme tant d'autres crimes allemands, celui-ci resta une idée sans aucun effet, puisque aucune offre de capitulation ne fut jamais reçue. L'intention était de forcer la population à se retirer en arrière, puisqu'il aurait été impossible de nourrir des millions de civils et de prisonniers, ou d'éviter des épidémies. Des brèches furent laissées vers l'est dans les lignes allemandes pour permettre à la population de se retirer. Kiev, Odessa et Kharkov avaient déjà capitulé mais étaient minées, ce qui tua des milliers de soldats allemands avec des bombes à retardement.

Les quais étaient réquisitionnés à des fins militaires; les chemins de fer russes étaient construits selon un écartement des rails différent des chemins de fer allemands; des approvisionnements ne pouvaient pas être acheminés vers l'avant pour nourrir des millions de prisonniers ou de juifs à demi affamés.

Le mensonge soviétique selon lequel les Allemands avaient tué des millions de prisonniers russes fut pris au sérieux par beaucoup de gens sans connaître les causes de la mortalité.

Le document concernant Léningrad, document C-123, n'est pas signé.

Le cas Jodl illustre l'absurdité du procès tout entier. Selon les propres termes du défenseur de Jodl, le Dr. Exner: «Meurtre et révolution. En temps de paix, cela aurait signifié la guerre civile; en temps de guerre, l'écroulement immédiat du front et la fin du Reich. Est-ce qu'il aurait dû crier: *Fiat justitia, pereat patria*?

L'accusation semble vraiment être d'avis qu'une telle conduite aurait pu être demandée aux accusés. Quelle pensée étonnante!

Si jamais meurtre et révolution peuvent être justifiés moralement, cela devrait être laissé aux moralistes et aux théologiens. De toute façon, des juristes ne peuvent même pas discuter d'une telle question. Etre obligé sous peine de punition de tuer le chef d'Etat? Un soldat devrait-il faire cela? Et en plus, en temps de guerre?

Ceux qui ont commis de tels crimes ont toujours été punis, mais les punir pour ne pas les avoir commis serait vraiment quelque chose de nouveau.» (XIX 45 [54], XXII 86-90 [100-105]).

Au Japon, les généraux furent pendus précisément pour s'être occupés de politique.

Sur un autre point, le Dr. Exner s'exclama: «Sur une seule page du trial brief anglais-américain, je lis six fois: "Jodl was present at (Jodl était présent à)". Qu'est-ce que cela veut dire légalement?» (XIX 37 [44]).

Jodl fut interrogé par un des procureurs soviétiques, le colonel Pokrovsky, de la manière suivante: «Est-ce que vous saviez que les troupes allemandes pendaient des gens la tête en bas et rôtissaient leurs prisonniers de guerre à la broche? Saviez-vous cela?» A quoi Jodl répondit: «Ce n'est pas seulement que je ne le savais pas, je ne le crois même pas.» (XV 545 [595]).

Tout le vaste champ des procès de crimes de guerre est résumé là en ces 3 courtes phrases (XV 284-561 [313-612], XVIII 506-510 [554-558], XIX 1-46 [7-55]).

ERNST KALTENBRUNNER

Pendant le contre-interrogatoire de Kaltenbrunner, il lui fut demandé avec indignation comment il pouvait avoir l'audace de prétendre qu'il avait dit la vérité et que 20 ou 30 témoins avaient tous menti (XI 349 [385]). Les «témoins», naturellement, n'apparurent pas au tribunal; il s'agissait de noms et prénoms écrits sur de petits morceaux de papier. Un de ces noms et prénoms est celui de Franz Ziereis, commandant du camp de concentration de Mauthausen.

Sur son morceau de papier, Ziereis «confessait» avoir gazé 65 000 personnes, fabriqué des abat-jour en peau humaine et fabriqué de la fausse monnaie. En plus, il prétendait fournir un tableau compliqué d'informations statistiques contenant la liste du nombre exact de prisonniers dans 31 camps de travail différents.

Puis il accusait Kaltenbrunner d'avoir donné des ordres de massacrer tout le camp (Mauthausen) à l'approche des Américains. Ziereis était déjà mort depuis 10 mois quand il fit sa «confession»; heureusement, sa «confession» fut «rappelée» par quelqu'un d'autre qui n'apparut pas devant le tribunal non plus: un prisonnier du nom de Hans Marsalek, dont la signature apparaît sur le document (document 3870-PS, XXXIII 279-286).

Les pages 1 à 6 de ce document sont écrites entre guillemets (!), y compris le tableau statistique, qui établit, par exemple, qu'il y avait 12 000 prisonniers à Ebensee, 12 000 à Mauthausen, 24 000 à Gusen I et II, 20 prisonniers à Schloss-Lindt, 70 prisonniers à Klagenfurt Junkerschule, etc., pour les 31 camps du tableau.

Le document n'est signé de personne d'autre prétendant avoir assisté à la prétendue «confession»; il n'y a pas de notes annexées au document qui auraient été prétendument prises à l'époque.

Le document porte seulement 2 signatures: celle de Hans Marsalek, le prisonnier, et celle de Smith W. Brookhart Jr., U.S. Army. Le document porte la date du 8 avril 1946. Ziereis était mort le 23 mai 1945.

C'est-à-dire que Ziereis aurait été trop sévèrement blessé (il est mort suite à des blessures de projectiles à travers l'estomac) pour signer quoi que ce soit d'écrit à l'époque, mais il aurait été en suffisamment bon état de santé pour dicter ce document long et complexe, dont Marsalek se serait souvenu parfaitement, à la lettre près, 10 mois et demi plus tard. Marsalek n'aurait eu, bien sûr, aucune raison de mentir. Le document est écrit en allemand. Brookhart était un vrai nègre littéraire spécialisé dans les confessions, puisqu'il écrivit aussi la confession de Rudolf Höss (en anglais, document 3868-PS) et celle de Otto Ohlendorf (en allemand, Dokument 2620-PS). (Adresse de Brookhart en 1992: 18 Hillside Drive, Denver, Colorado, USA. C'est le fils du sénateur de Washington Iowa.)

La «confession» de Ziereis continue à être prise au sérieux (plus ou moins) par Reitlinger, Shirer, Hilberg et d'autres spécialistes itinérants du commerce de l'«Holocauste».

Kaltenbrunner prétendait qu'il y avait 13 camps de concentration centraux ou Stammlager pendant la guerre (XI 268-269 [298-299]). Le total de 300 camps de concentration retenu par l'accusation avait été obtenu en incluant des camps de travail tout à fait normaux.

Le treizième camp, Matzgau, près de Danzig, était un camp spécial, dont les prisonniers étaient des gardiens SS et des membres de la police qui avaient été condamnés pour des infractions commises aux dépens des prisonniers placés sous leur responsabilité: mauvais traitements physiques, détournements de fonds, vols d'effets personnels, etc. Ce camp, avec sa population de prisonniers SS, tomba aux mains des Russes à la fin de la guerre (XI 312, 316 [345, 350]).

Kaltenbrunner prétendait que les sentences des tribunaux SS et de la police étaient beaucoup plus sévères que celles des tribunaux ordinaires pour les mêmes infractions. Les SS avaient organisé des procès fréquents de leurs propres membres accusés de délits contre des détenus ou des violations de la discipline (XXI 264-291, 369-370 [294-323, 408-409]).

Des méthodes d'interrogation au «troisième degré» étaient légalement permises dans le seul but d'obtenir des informations concernant des activités futures de la résistance; de telles méthodes étaient interdites dans le but d'obtenir des aveux.

Ces interrogatoires nécessitaient la présence d'un médecin et permettaient un total de 20 coups de bâton sur les fesses mises à nu, une fois seulement; cette procédure ne pouvait pas se répéter plus tard. Parmi d'autres formes de «torture nazie» légale il y avait, entre autres, la détention dans une cellule sombre, ou celle d'être obligé de se tenir debout pendant de longs interrogatoires (XX 164, 180-181 [184, 202-203], XXI 502-510, 528-530 [556-565, 583-584]). Kaltenbrunner et beaucoup d'autres témoins de la défense prétendaient que de telles méthodes étaient pratiquées par des officiers de police partout dans le monde (XI 312 [346]) et que des officiers respectés avaient visité l'Allemagne pour étudier les méthodes allemandes (XXI 373 [412]).

Les preuves de la défense en cette affaire et dans les matières y afférentes consistent en des milliers de pages, entre le procès-verbal du tribunal et celui de la commission, ainsi que 136 000 déclarations écrites (XXI 346-373 [382-412], 415 [458], 444 [492]). Kaltenbrunner fut condamné pour avoir conspiré en vue du «lynchage» des aviateurs alliés qui avaient commis des bombardements en masse de populations civiles.

Les lynchages auraient été illégaux mais n'eurent jamais lieu. De nombreux aviateurs alliés furent sauvés des foules civiles en colère par des officiels allemands. Les Allemands se refusaient à adopter de telles méthodes, dans la crainte qu'elles n'aboutissent à un massacre général des aviateurs parachutés. Comme tant d'autres crimes allemands, celui-ci resta une idée sans application (XXI 406-407 [449-450], 472-476 [522-527]).

Un autre crime prétendument commis par Kaltenbrunner était sa responsabilité pour le prétendu «Kugelerlass» (décret de balle). Ce dernier aurait été un ordre de fusiller des prisonniers de guerre en utilisant un appareil de mesure (une machine très vraisemblablement inspirée de la curieuse «machine de Paul Waldmann» pour enfoncer des têtes avec un puissant marteau actionné par une pédale (URSS-52, VII 377 [416-417]).

Concernant le «Kugelerlass», document 1650-PS, s'il s'agit d'un document authentique – ce qui n'est probablement pas le cas (XVIII 35-36 [43-44]) – il s'agit d'une fausse traduction: le sens du document est que les prisonniers qui font des tentatives pour s'échapper doivent être enchaînés à une «boule» de fer (Kugel) et non pas qu'ils devraient être tués avec une «balle» (aussi Kugel).

Le mot «enchaîné» apparaît dans le document mais non les mots «tirer», «tir» ou «balle» (III 506 [565], XXI 514 [568]), Gestapo Affidavit 75, XXI 299 [332]). Le document est un télétype, c'est-à-dire qu'il ne comporte pas de signature (XXVII 424-428).

«Sonderbehandlung» (toujours traduit par «meurtre») est un exemple du jargon utilisé dans n'importe quelle bureaucratie et serait mieux traduit par «traitement au cas par cas» (en effet, c'est un mot ordinaire, souvent trouvé dans des contrats de représentation commerciale). Kaltenbrunner réussit à prouver que, dans le contexte d'un document, le mot signifiait le droit de boire du champagne et de prendre des leçons de français.

L'accusation avait confondu un lieu de vacances hivernal avec un camp de concentration (XI 338-339 [374-375]), (XI 232-386 [259-427], XVIII 40-68 [49-80]). Le document sur le lieu de vacances hivernal est le document 3839-PS, XXXIII 197-199, une «déclaration assermentée»).

WILHELM KEITEL

Keitel fut pendu pour sa responsabilité dans des atrocités prétendument commises en Russie, dans le décret concernant les commissaires politiques et dans le décret «Nuit et Brouillard». Les preuves contre Keitel consistent pour la plupart en des «rapports» de «commissions soviétiques de crimes de guerre» (XVII 611-612 [663-664], XXII 76-83 [90-98]). Il s'agit de résumés avec des jugements, conclusions et généralisations, sans aucune annexe de preuves ou documents de base.

Ces rapports font référence à des agences militaires allemandes désignées de façon erronée, et il y a confusion dans les agences. Parmi les documents soviétiques utilisés pour la condamnation à mort de Keitel, on trouve les documents URSS-4, 9, 10, 35, 38, 40, 90, 364, 366, 407 et 470.

URSS-4 est un «rapport» soviétique accusant les Allemands d'avoir propagé exprès des épidémies de typhus pour exterminer la population russe. La responsabilité de ce crime est attribuée au «gouvernement d'Hitler» et à l'«Oberkommando der Wehrmacht».

Voyez aussi *Report on U.S. Crimes in Korea*, Pékin (1952) (guerre bactériologique américaine).

Les documents URSS-9, 35 et 38 sont aussi des «rapports» de «commissions soviétiques de crimes de guerre».

Le document URSS-90 est le jugement d'un tribunal militaire soviétique prétendant que «les envahisseurs fascistes allemands commirent des crimes bestiaux», attribuant ces crimes à l'«OKW» (Commandement des forces armées allemandes).

Des documents originaux ne sont pas annexés; des ordres spécifiques ne sont pas mentionnés. Le nom de Keitel n'est pas mentionné. Les autres documents sont des «copies conformes» (XVIII 9-12 [16-19]) de documents prétendument en possession des Russes.

Le décret «Nuit et Brouillard» (XVIII 19-22 [27-30]) avait eu pour but d'offrir une alternative à l'exécution de membres de la résistance.

Il fut admis par l'accusation qu'en accord avec le droit international les Allemands étaient dans leur droit de fusiller des résistants (V 405 [456]). Mais les Allemands n'estimaient pas envisageable de condamner tout le monde à mort. Ils considéraient que les peines d'emprisonnement avaient peu d'effet dissuasif, étant donné que tout le monde croyait 48 que la guerre serait finie en quelques années (XXI 524 [578-579]). Le Kommissarbefehl avait eu peu de résultats dans la pratique, en partie à cause de la difficulté à déterminer quels prisonniers étaient des commissaires politiques et quels autres ne l'étaient pas (XXI 404-405 [446-447]), XXII 77 [91]).

Aujourd'hui encore, Keitel est accusé d'avoir bloqué l'accès à Hitler, c'est-à-dire d'avoir privé Hitler de certaines informations. Cette accusation, absurde jusqu'à l'extrême, est réfutée aux pages 654-661 [710-717] du volume XVII.

Parmi les autres «preuves» contre Keitel se trouvent le document 81-PS (cité dans le premier discours du procureur Jackson) et le document 470, une «copie conforme» (c'est-à-dire que le document fut réécrit à la machine pour réaliser la copie) d'un «document original» écrit entièrement en serbo-croate (!) existant prétendument en Yougoslavie, avec une «signature» de Keitel écrite à la machine (!).

On ne prétendit pas que Keitel comprenait le serbo-croate: c'était plutôt une «traduction» d'un document écrit en allemand que les Yougoslaves n'avaient pas eu la bonne fortune de trouver (XV 530-536 [578-585]). Le cas Keitel se trouve à X 468-658 [527-724], XI 1-28 [7-37], XVII 603-661 [654-717] et XVIII 1-40 [7-48].

CONSTANTIN VON NEURATH

Von Neurath fut la victime d'un faux grossier, le document 3859-PS.

Les Tchèques prirent un document authentique, le réécrivirent à la machine, avec des altérations et des ajouts en grand nombre, présentant une «photocopie» de leur «copie» (avec des signatures écrites à la machine) au tribunal. Le document original était prétendument en Tchécoslovaquie.

Sur ce document, presque tout est incorrect: la bureaucratie allemande était extrêmement complexe. De nombreux documents de l'accusation portent de fausses adresses, de fausses notations et de fausses références de procédure qui ne sont pas évidentes immédiatement. Concernant ce document, von Neurath dit: «Je regrette de devoir vous dire que vous mentez» (XVII 67 [79] 373-377 [409-413]).

Von Neurath fut déclaré coupable d'avoir fermé des universités tchèques (ce n'est pas un crime en droit international lorsque la décision émane d'un gouvernement d'occupation) et d'avoir fusillé 9 étudiants tchèques après une manifestation. Ce crime fut «prouvé» par différents documents: URSS-489, une «copie conforme» (certifiée par les Tchèques); URSS-60, le «rapport» d'une «commission de crimes de guerre» «citant» prétendument les affirmations de Karl Hermann Frank (naturellement, les affirmations n'étaient pas annexées au rapport); et URSS-494, une «déclaration» de Karl Hermann Frank prétendument signée 33 jours avant son exécution. Les affirmations attribuées à Frank dans le rapport de la commission de crimes de guerre n'étaient pas signées ni datées, et les documents originaux se trouvaient prétendument en Tchécoslovaquie (XVII 85-90 [98-104]).

De nombreuses «preuves» contre von Neurath, Schacht, von Papen, Raeder et d'autres tiraient leur origine des déclarations d'un vieux diplomate américain résidant au Mexique (documents 1760-PS, 2385-PS, 2386-PS, EC-451).

On prétendit que le diplomate, Messersmith, était trop vieux pour apparaître devant le tribunal (II 350 [387]) mais on nia qu'il fût sénile (II 352 [389]). Les «preuves» consistent en des présomptions de Messersmith concernant les motivations et le caractère d'autres personnes. Le cas von Neurath apparaît à XVI 593-673 [649-737], XVII 2-107 [9-121], XIX 216-311 [242-345]).

FRANZ VON PAPEN

Von Papen fut accusé d'avoir conspiré avec Hitler pour persuader Hindenburg de prendre Hitler dans le gouvernement comme chancelier 50 du Reich. Selon ce point de vue, Hindenburg avait été trompé jusqu'au point de croire qu'une guerre civile suivrait si cela ne se faisait pas.

Le chancelier de l'époque, le général von Schleicher, avait tenté de gouverner depuis longtemps illégalement et en violation de la constitution sans l'appui des nationaux-socialistes, qui jouissaient de la plus grande majorité dans l'histoire du Reichstag. Beaucoup des illégalités d'Hitler datent en effet de la période du gouvernement de von Schleicher (XXII 102-103 [118-119]). C'était la seule alternative au chaos de 41 partis politiques, la plupart d'entre eux représentant un quelconque intérêt financier privé.

Les vainqueurs démocratiques estimaient, en 1946, que von Papen aurait dû prévoir, en 1933, l'intention d'Hitler d'entamer une «guerre d'agression», autrement dit il aurait dû conspirer avec von Schleicher pour gouverner au moyen d'une dictature militaire.

Von Schleicher fut fusillé plus tard pendant le putsch de Röhm. Ces exécutions étaient considérées comme légales par Hindenburg, ce qui fut prouvé par un télégramme félicitant Hitler (XX 291 [319], XXI 350 [386], 577-578 [636-637], XXII 117 [134-135]).

Von Papen, lui aussi, considéra l'exécution de Röhm et de ses partisans comme justifiée par l'état d'urgence (XVI 364 [401]); en même temps, il croyait que beaucoup d'autres meurtres avaient eu lieu qui n'étaient pas justifiés; il aurait été du devoir d'Hitler de mener une enquête et de punir ces actes. Ce qui ne fut pas fait.

Il fut admis par l'accusation à Nuremberg que le programme du parti nazi ne contenait rien d'illégal: il était même presque louable (II 105 [123]). Les nationaux-socialistes furent déclarés légaux par les autorités d'occupation de la Rhénanie en 1925 (XXI 455 [505]), par la Cour suprême allemande en 1932 (XXI 568 [626]) et par la Société des Nations et le résident général polonais à Danzig en 1930 (XVIII 169 [187-188]).

Il n'était pas évident en 1933 que l'armée allait unanimement soutenir von Schleicher contre les nationaux-socialistes, lesquels jouissaient d'un droit parfaitement légal à gouverner; c'est le refus de Hindenburg de violer la constitution au risque d'une guerre civile qui porta Hitler au gouvernement d'une façon parfaitement légale (voir aussi XXII 111-112 [128-129]).

Von Papen fut accusé d'avoir commis des «actes immoraux pour favoriser le Projet Commun», comme d'avoir utilisé la forme intime grammaticale «Du» (tu) en conversation avec le ministre des Affaires étrangères autrichien Guido Schmidt (!).

Von Papen remarqua: «Sir David, si vous aviez été en Autriche au cours de votre vie, vous sauriez qu'en Autriche presque tout le monde dit "Du" à tout le monde» (XVI 394 [435]). Les actes de von Papen qui ne pouvaient pas être considérés comme «criminels» furent utilisés pour prouver sa «duplicité». On interpréta tous ses actes en prêtant après coup à leur auteur d'inavouables arrière pensées.

Il est quelquefois avancé que les acquittements de von Papen, Fritzsche et Schacht constituaient une preuve de ce que le procès de Nuremberg était un «procès équitable». Naturellement, le procès de Tokyo et les nombreux autres procès de crimes de guerre dans lesquels il n'y eut pas d'acquittement ne seraient pas une preuve du contraire en ce qui les concerne; on oublie qu'il y avait en moyenne 5 à 10 % d'acquittements dans les procès de sorcellerie du XVIIe siècle.

Le cas de von Papen apparaît à XVI 236-422 [261-466], XIX 124-177 [139-199].

ERICH RAEDER

Raeder fut accusé d'avoir «conspiré» avec les Japonais pour attaquer les Etats-Unis.

Parmi d'autres crimes prétendument commis par Raeder furent ceux d'avoir écouté des discours, assisté à des conférences, avoir eu connaissance de plans d'urgence et avoir accepté des cadeaux d'anniversaire (preuves de sa «parti-cipation au Projet Commun»).

Raeder montra que les Américains avaient eu connaissance de l'attaque contre Pearl Harbor avec 10 jours d'avance, tandis que les Allemands n'en savaient rien (XIV 122 [137-138]).

La discussion de Raeder concernant l'état de préparation militaire allemand et les discours d'Hitler sera examinée avec le cas de von Ribbentrop (XIII 595-599 [656-660], 617-631 [680-696], XIV 1-246 [7-275], XVIII 372-430 [406-470]).

JOACHIM VON RIBBENTROP

Von Ribbentrop fut pendu pour sa signature du Pacte Molotov-Ribbentrop, qui précéda et permit l'attaque contre la Pologne. Ribbentrop défendit ses actes avec la justification qu'un million d'Allemands avait été expulsés des territoires polonais tout au long d'une période de 20 ans, expulsions associées à de nombreuses atrocités, et que des plaintes à la Cour internationale de justice de La Haye et à la Société des Nations avaient été ignorées pendant toute cette même période.

Les victimes étaient des Allemands de souche de nationalité polonaise, résidant dans les territoires assignés au nouvel Etat de Pologne en conformité avec le Traité de Versailles. Le 23 octobre 1938, Ribbentrop avait fait une offre aux Polonais que l'ambassadeur britannique reconnut être raisonnable, l'appelant une «offre tout à fait dans le style de la Société des Nations»; Ribbentrop demanda un plébiscite dans le couloir polonais; le retour de Danzig (une ville 100 % allemande) au Reich; la construction d'un chemin de fer et d'une autoroute extraterritoriale à travers le corridor pour accéder à la Prusse orientale, une province qui avait été coupée du reste de l'Allemagne par le Traité de Versailles et qui ne pouvait être rejointe que par voie maritime, une situation totalement insensée; autrement dit, un pont terrestre vers la Prusse orientale (X 260-269 [295-304], 280-281 [317-318], 367-369 [416-417]).

En contrepartie, les Polonais devaient recevoir un arrangement financier avantageux: une garantie d'utilisation pour les installations portuaires à Danzig et un débouché pour les produits polonais par le port de Danzig. Le futur couloir aurait été décidé selon le principe de l'autodétermination; les Polonais auraient obtenu un débouché vers la mer et les Accords germano-polonais (signés par Hitler en 1934 malgré une forte opposition interne) auraient été renouvelés pour une période supplémentaire (XIX 362-368 [399-406]. Pour la version de l'accusation de ces mêmes événements, voyez III 209-229 [237-260]).

C'était là le «projet nazi pour la conquête du monde» qui servirait (aux ennemis de l'Allemagne) de prétexte pour la guerre tout entière, y compris, plus tard, Pearl Harbor, Hiroshima et Yalta.

En réplique, les Polonais affirmèrent avec insistance que tout changement dans le statut de Danzig impliquerait la guerre avec la Pologne. Une mobilisation générale fut ordonnée. Les expulsions continuaient, remplissant des camps de réfugiés le long de la frontière avec la Pologne.

On rapporte que l'ambassadeur polonais, Lipski, avait déclaré, le 31 août 1939, que les réalités allemandes lui étaient parfaitement bien connues après de nombreuses années de service en Allemagne.

Il ne s'intéressait à aucune note ou offre de l'Allemagne. En cas de guerre, la révolution éclaterait en Allemagne et l'armée polonaise marcherait en triomphe jusqu'à Berlin (XVII 520-521 [565-566], 564-566 [611-614], XX 607 [661]).

Ribbentrop témoigna que l'attitude des Polonais entraînait une guerre inévitable; il fallait résoudre le problème du couloir et des expulsions; pour Hitler et Staline, les territoires concernés avaient été perdus pour les deux pays suite à une guerre désastreuse suivie par des traités de paix également désastreux (X 224-444 [254-500], XVII 555-603 [602-655]).

Pour les Allemands au procès de Nuremberg, il n'y avait qu'une explication possible: les Polonais et les Britanniques avaient été en contact avec la soi-disant «résistance» en Allemagne, un mouvement qui avait grossièrement exagéré sa propre importance (XVII 645-661 [699-717], XIII 111-112 [125-126]).

L'interprète d'Hitler apparut comme témoin et déposa que les Allemands ne pouvaient pas croire que les Britanniques feraient la guerre après que leur ambassadeur eut reconnu que c'étaient les Allemands les plus raisonnables.

Selon l'interprète, Paul Schmidt, il y eut une pleine minute de silence à l'arrivée de la nouvelle de la déclaration de guerre britannique, après quoi Hitler se tourna vers von Ribbentrop pour demander:

«Qu'est-ce qu'on fait maintenant?» (X 200 [227]).

Le témoignage de Schmidt fit la lumière sur un propos attribué à von Ribbentrop selon lequel les juifs devaient être tués ou internés dans des camps de concentration.

Ce qui se passa, selon Schmidt (X 203-204 [231]) fut qu'Hitler était en train d'exercer des pressions sur Horthy pour prendre des mesures plus fortes contre les juifs. Horthy demanda: «Qu'est-ce que je dois faire? Je ne peux pas les tuer!»

Ribbentrop, de très mauvaise humeur, avait répliqué: «Il y a deux possibilités: vous pouvez faire précisément cela, ou ils peuvent être internés.» Ce propos fut repris dans le procès-verbal de la conférence de la façon suivante: «Le ministre des Affaires étrangères dit que les juifs devraient être tués ou internés dans des camps de concentration.»

Ce propos fut utilisé contre Ribbentrop et d'autres accusés tout au long du procès, malgré le témoignage de Schmidt (un homme respecté et non un nazi) selon qui le procès-verbal n'était pas exact (X 410-411 [462-463]). Selon Ribbentrop, Raeder, Göring et presque tous les accusés à l'exception de Schacht, les Allemands n'avaient pas été préparés pour une guerre et n'avaient comploté aucune «agression» (XVII 522 [566-567]), XXII 62, 90 [76, 105]).

L'invasion de la Belgique, des Pays-Bas et de la France n'était pas une «agression» parce que c'était la France qui avait déclaré la guerre à l'Allemagne et la Belgique et les Pays-Bas avaient permis à des avions britanniques de survoler leur pays chaque nuit pour bombarder la Ruhr; les Allemands avaient protesté par écrit 127 fois (XVII 581 [630], XIX 10 [16]).

Göring, Raeder, Milch et beaucoup d'autres témoignèrent que l'Allemagne, en 1939, n'avait que 26 sous-marins pour le service atlantique, en comparaison avec 315 sous-marins en 1919 (XIV 26 [34]), avec un stock de bombes qualifié de «ridicule» par Milch (XIX 4-5 [11-12]).

Hitler avait informé Milch en mai 1939 qu'il n'y avait pas besoin de production de bombes à pleine capacité parce qu'il n'y aurait pas de guerre. Milch répliqua que la production de bombes à pleine capacité était une question de plusieurs mois; il faudrait du temps pour arriver à une pleine production. L'ordre de commencer la production de bombes à pleine capacité ne fut pas donné avant le 12 ou le 20 octobre 1939 (IX 50 [60-61], XVII 522 [566-567]).

La force aérienne allemande était conçue pour des bombardements exacts et ponctuels de cibles déterminées; les Allemands avaient coopéré avec les Britanniques ainsi qu'avec les Russes dans l'échange d'informations de valeur technique jusqu'en 1938 (IX 45-133 [54-153], XIV 298-351 [332-389]).

Les Allemands n'avaient jamais construit les quantités de navires de guerre et surtout de sous-marins (XIV 24 [31]) qui leur avaient été permises en conformité avec la Convention anglo-allemande de 1935 (XVIII 379-389 [412-425]). Cette convention représentait une reconnaissance par les Britanniques que le Traité de Versailles était périmé. C'était aussi une limitation volontairement entreprise par les Allemands de leurs armements navals (XIX 224-232 [250-259]). A l'éclatement de la guerre, beaucoup de navires de guerre allemands étaient toujours en construction et durent être envoyés à la ferraille parce qu'il aurait fallu des années pour les terminer (XIII 249-250 [279-280], 620-624 [683-687]). Selon une déclaration signée par son capitaine, un des plus grands navires de guerre allemands, le *Gneisenau*, était en voyage de formation près des îles Canaries au début de la guerre, sans aucun stock de munitions (XXI 385 [425]).

Hitler était un bluffeur qui se plaisait à terroriser les hommes politiques avec des discours extrêmement illogiques, qui se contredisaient tous eux-mêmes (XIV 34-48 [43-59], 329-330 [366]), aussi bien que les uns les autres (XXII 66-68 [80-81]). Pour cette raison précise, on ne prenait pas de notes sténographiques exactes avant 1941 (XIV 314-315 [349-350]).

Beaucoup de «discours d'Hitler» sont des semi-mystifications ou des faux (XVII 406-408 [445-447], XVIII 390-402 [426-439], XXII 65 [78-79]). Les Allemands ne se croyaient plus liés par le Traité de Versailles parce que les prescriptions du traité, en particulier le préambule à la partie V, avaient été violées par les Britanniques et surtout par les Français. Le désarmement allemand devait être suivi par un désarmement général (IX 4-7 [12-14], XIX 242 [269], 356 [392]).

Hitler avait offert de se désarmer jusqu'à la dernière mitrailleuse, à la condition que les autres pays fassent de même; mais l'Allemagne ne pouvait rester dans une position affaiblie pour toujours, en attendant d'être envahie et écrasée à n'importe quel moment.

La réoccupation de la Rhénanie avait donné à l'Allemagne une frontière naturelle qui protégeait la Ruhr, une chose normale pour n'importe quel gouvernement. L'Europe de l'Est risquait de s'embraser dans des conflits entre Etats lourdement armés; la Prusse orientale était indéfendable; les Polonais demandaient ouvertement des parties de la Haute-Silésie (XII 476-479 [520-524], XIX 224-232 [249-259], XX 570-571 [623-624]).

Les Accords franco-soviétiques du 5 décembre 1934 étaient déjà une violation du Pacte de Locarno dont la violation fut attribuée aux Allemands à Nuremberg (XIX 254, 269, 277 [283, 299, 308]).

Il n'était pas évident que l'occupation du reste de la Tchécoslovaquie était une violation des Accords de Munich (X 259 [293-294]). Elle fut entreprise parce que les Russes avaient construit des aéroports dans le reste de la Tchécoslovaquie avec la coopération des Tchèques, pour transformer le pays en un «porte-avions» d'où l'Allemagne pouvait être attaquée (X 348 [394-395], 427-430 [480-484]).

Roosevelt avait proclamé que les intérêts de l'Amérique s'étendaient au monde entier; les Britanniques revendiquaient un dominion sur la moitié du globe; les intérêts allemands ne pouvaient-ils pas sûrement s'étendre jusqu'à la Tchécoslovaquie? Berlin est à une demi-heure en avion de Prague; les actions tchèques étaient ouvertement menaçantes pour l'Allemagne. Il n'y a pas de traités éternels dans ce monde; normalement ils deviennent périmés et sont remplacés par d'autres traités. La désuétude d'un traité est habituellement prévue dans le corps même du traité, avec la formule *rebus sic stantibus*. Dès 1935, Locarno et Versailles étaient périmés.

ALFRED ROSENBERG ET FRITZ SAUCKEL

Comme Frank, Rosenberg fut accusé d'avoir «pillé» et «volé» des œuvres d'art. Les deux accusés, Rosenberg et Frank, indiquèrent que l'Allemagne était obligée de protéger des œuvres d'art selon les conditions de la «Quatrième Convention de La Haye sur la guerre terrestre»; pour ce faire, il fallait éloigner les œuvres d'art des zones des hostilités. Les œuvres d'art avaient été soigneusement emballées, évaluées et réparées. S'il avait été de l'intention des Allemands de «piller» ou de «voler», ils n'auraient pas eu besoin de cataloguer ces œuvres d'art avec une notation exacte du nom et de l'adresse du propriétaire, quand ce dernier était connu.

Göring s'était approprié quelques œuvres d'art, non pas pour son usage personnel mais pour un musée qu'Hitler avait eu l'intention de créer à Linz. Rosenberg avait protesté contre cet abus, avec la justification qu'il était de son devoir de garder ces collections intactes jusqu'à la fin de la guerre, dans l'espoir d'arriver à un accord de paix concernant ces objets.

Rosenberg fut aussi accusé d'avoir volé des milliers de wagons de chemin de fer pleins de meubles. Les meubles étaient la propriété des juifs qui avaient abandonné leurs résidences à l'arrivée des Allemands à Paris. Les appartements juifs avaient été fermés à clef pendant 90 jours, puis les contenus avaient été confisqués comme propriété abandonnée, puisqu'il était impossible d'en assurer la sauvegarde. Finalement les meubles furent utilisés pour aider des Allemands rendus sans abri par les attaques aériennes alliées. Encore une fois, il était de l'intention des Allemands d'arriver à un accord concernant ces objets dans un traité de paix.

Le ministère de Rosenberg recevait de nombreuses plaintes qui entraînèrent des enquêtes. On avait découvert que beaucoup d'entre elles manquaient de tout fondement dans la réalité. Au procès de Nuremberg, il fut tout simplement présumé que toutes les plaintes étaient «vraies».

Des lettres écrites à Rosenberg furent utilisées comme des preuves contre lui, bien que ses réponses à ces lettres aient été perdues.

Les plaintes et les lettres furent utilisées pour prouver sa prétendue «participation volontaire au Projet Commun».

Rosenberg fut accusé d'avoir conspiré avec Sauckel pour obtenir des «esclaves» pour l'industrie allemande.

Rosenberg, Sauckel, Speer, Göring et Seyss-Inquart protestèrent tous qu'en l'absence du blocus allié de tels «pillages» et «esclavages» n'auraient pas été

nécessaires; le blocus maritime était illégal, entraînant un chômage de masse dans les territoires occupés; les gouvernements d'occupation avaient la possibilité de demander un paiement sous forme de services, selon les conditions de la Quatrième Convention de La Haye concernant la guerre terrestre. Les «esclaves» avaient reçu la même paye que les travailleurs allemands, qui étaient aussi l'objet d'un service obligatoire du travail.

Funk prétendit que les «esclaves» avaient viré 2 milliards de marks en salaires à leurs familles pendant la guerre (XIII 136 [153]).

Seyss-Inquart prétendit qu'il y avait 500 000 chômeurs aux Pays-Bas en conséquence du blocus; si on ne fournissait pas de travail à tous ces chômeurs, soit volontaire soit obligatoire, ils étaient incités à rejoindre les forces de la résistance, ce qui était interdit par le droit international. Les populations avaient été tout à fait contentes de travailler sur des fortifications allemandes aux Pays-Bas, ainsi réduisaient-elles la probabilité que l'invasion alliée prendrait pied aux Pays-Bas plutôt qu'ailleurs (la *L'argumentation de la défense* 59 probabilité d'une invasion alliée avait aussi été la raison de la déportation des juifs néerlandais (XV 662-668 [719-726], XIX 99-102 [113-115]).

Fritzsche et d'autres accusés témoignèrent que les «esclaves» pouvaient être vus se promenant librement dans les rues de toutes les villes allemandes (XVII 163-164 [183-184]), qu'ils avaient beaucoup d'argent et qu'ils avaient le marché noir entre leurs mains (XIV 590 [649]).

En outre, des centaines de milliers de ces «esclaves» refusaient de quitter l'Allemagne après la guerre, bien que leurs propres pays aient été «libérés» et l'Allemagne dévastée (XVIII 155 [172-173]). En outre, les «esclaves» ne s'étaient pas révoltés à la fin de la guerre (XVIII 129-163 [144-181], 466-506 [509-554], XIX 177-216 [199-242], XXI 471-472 [521-522]).

Sauckel témoigna que les «travailleurs esclaves» en France avaient été obtenus grâce au gouvernement français et aux organisations de collaborateurs.

Beaucoup de travailleurs avaient préféré être «forcés» pour éviter des représailles de la part de la résistance (XV 1-263 [7-290]), mais tous avaient reçu la même paye et avaient bénéficié des mêmes conditions contractuelles et d'indemnités de santé et prévoyance sociale que les travailleurs allemands.

Loin de «piller» les territoires occupés, il avait été nécessaire d'importer de grandes quantités d'équipements de grande valeur.

En Russie, tout avait été détruit pendant la retraite russe, par les Russes eux-mêmes; quand les Allemands importèrent leurs propres équipements et puis les retirèrent pendant leur propre retraite, ce fut appelé du «pillage» (IX 171-172 [195-196]).

Un exemple d'une plainte qui devint un «crime» est le cas des prétendus «spectateurs de théâtre raflés et envoyés en esclavage». Sauckel avait enquêté sur ce cas pendant plusieurs mois et avait découvert qu'il s'agissait d'un fournisseur de main-d'œuvre qui avait interrompu une 60 réunion de ses propres travailleurs pour les transporter vers un autre chantier (XV 17-18 [25-26]).

Avec la détérioration de la situation, il fut nécessaire d'avoir recours à des mesures plus coercitives. Si les Alliés étaient dans leur droit de confisquer la propriété des neutres dans les eaux maritimes internationales, alors les Allemands étaient dans leur droit d'utiliser les ressources des territoires occupés sur la terre ferme.

Une accusation étroitement apparentée fut celle concernant ce que l'on a appelé l'«Action Foin» («Hay Action»), par laquelle 50 000 enfants avaient été prétendument «enlevés» pour travailler comme des «esclaves» à la campagne. Aussi bien Rosenberg que von Schirach témoignèrent qu'il s'agissait d'un programme d'apprentissage dont l'objectif consistait à éloigner les orphelins de guerre de la zone des hostilités (XI 489-490 [538-539] XIV 501-505 [552-556]).

Si le ministère de Rosenberg n'avait pas retiré les orphelins de la zone des hostilités, c'est l'armée qui l'aurait fait. Une autre accusation faite dans le même ordre d'idées fut celle de l'organisation Lebensborn, prétendument un complot pour enlever des bébés après avoir mesuré la taille de leur pénis (à en croire des «historiens» juifs d'une santé mentale douteuse). En vérité, le but de cette organisation avait été d'enlever le stigmate de l'illégitimité et d'aider les familles ayant de nombreux enfants (XXI 654-664, volumes allemands; ces pages ont été exclues des volumes américains; voyez aussi XXI 352 [389].

Le cas de Rosenberg apparaît à XI 444-599 [490-656], XVIII 69-128 [81-143]).

HJALMAR SCHACHT

Schacht est une anomalie parmi les accusés, parce que les accusations faites contre lui contredisent celles faites contre les autres accusés.

Tandis que les autres étaient accusés d'«actes de turpitude morale» comme d'avoir accepté des cadeaux d'anniversaire, prononcé des discours d'anniversaire, avoir été photographiés, avoir signé des lois légalement promulguées par le chef de l'Etat, être en accord avec le chef de l'Etat, ou, sinon, avoir manqué à leur devoir de renverser et de tuer ce même chef de l'Etat (un devoir qui ne peut de toute évidence pas être imposé par la loi), Schacht fut accusé de toutes ces choses et, plus encore, pour faire bon poids, d'avoir violé son serment de loyauté envers Hitler et d'avoir trompé Hitler! Ce qui était considéré comme preuve d'une perversité particulière (XII 597 [652-653]).

Le propos de Schacht concernant la nécessité de mentir a été fréquemment invoqué comme une preuve de la duplicité nazie; on oublie que c'était Hitler la victime de ces mensonges. Schacht ridiculisait toutes ces accusations en enchaînant les bons mots les uns après les autres, se révélant même plus sarcastique que Göring.

Mais l'accusateur Jackson manquait trop de perspicacité pour se rendre compte qu'il était en train de se faire ridiculiser (XII 416-493 [454-539], 507-602 [554-658], XIII 1-48 [7-58], XVIII 270-312 [299-342]. Le mensonge de Jackson selon lequel il avait «forcé Schacht à admettre qu'il avait menti» a été pris au sérieux par beaucoup de gens qui auraient dû en savoir davantage.

Jackson était un menteur coutumier (voir, par exemple, II 438 [483], IX 500-504 [555-559]).

BALDUR VON SCHIRACH

Von Schirach fut accusé d'avoir conspiré avec des millions d'enfants pour conquérir le monde dans des uniformes copiés des «boy-scouts» anglais. Il fut relevé dans sa défense que le concept même d'une conspiration qui compterait des millions de conspirateurs était une absurdité logique (XIV 360-537 [399-592], XVIII 430-466 [470-509]).

Pour atteindre ce but, les conspirateurs s'étaient consacrés au tir à la cible avec des fusils calibre 22 (XIV 381 [420-421]) et avaient chanté des chansons qui dataient quelquefois de plus de 300 ans (XIV 474 [521]). 62 Au procès de Nuremberg, on trouvait des crimes partout. Dans l'accusation contre la S.A., un article décrivant la façon dont il fallait soigner les pieds fut cité pour prouver une «intention à s'engager dans une guerre d'agression» (XXI 221-223 [248-250]). Schirach fut accusé d'avoir eu connaissance des atrocités par Hans Marsalek, dont le «souvenir» de la «confession» de Ziereis (6 pages écrites entre guillemets un an après la mort de Ziereis) fut utilisé contre Kaltenbrunner (XI 330-333 [365-369], XIV 436-440 [480-485]).

Un autre crime commis par Schirach était celui d'être «petit et gros» (un chef étudiant «petit et gros» avait été entendu prononçant un discours antisémite) (déposition de Georg Ziemer, 244-PS, XIV 400-401 [440-441]). Schirach nia cette accusation. On prétendait que Schirach avait reçu des rapports des «Einsatzgruppen» à son bureau de Vienne. Ces documents sont des photocopies de «copies conformes» sur du papier normal, sans entête ni signature, établies par des inconnus et que l'on prétend avoir été retrouvées enterrées dans une mine de sel (II 157 [185]) par les Russes (IV 245 [273], VIII 293-301 [324-332]). Katyn y figure comme un crime allemand (NMT IV 112, Einsatzgruppen). Les Allemands sont supposés avoir tué 22 000 000 de personnes (XXII 238 [270]), ou peut-être 12 000 000 (XXII 312 [356]), après quoi les cadavres avaient été brûlés et les documents enterrés. Les documents sont combustibles; les cadavres, non.

Schirach aussi bien que Streicher furent trompés tous les deux par une «photocopie» d'un document d'Hitler dans lequel il «confessait» des exterminations en masse (XIV 432 [476], XII 321 [349]). Etant donné qu'Hitler était un génie (X 600 [671-672] et que les génies ne tuent pas des millions de personnes avec des gaz d'échappement Diesel et des insecticides exigeant 24 heures pour tuer des mites (Dokument NI 9912), il semble que la signification de ce document ait été surévaluée.

En effet, il est typique d'Hitler: plein de langage violent, mais pauvre en contenu si l'on se limite aux faits. On ne sait pas très bien non plus si Hitler était bien sain d'esprit en 1945 (IX 92 [107]). La «confession» d'Hitler est une «photocopie certifiée» (Streicher Defense Document 9, XLI 547).

ARTHUR SEYSS-INQUART

Seyss-Inquart est un exemple de la manière dont des actions parfaitement légales ont été considérées comme des «crimes» lorsqu'elles étaient entreprises par les Allemands, tandis que des actions identiques, ou des actions criminelles selon les statuts du Tribunal de Nuremberg même (comme les bombardements de Dresde, illégaux selon l'article 6(b) (XXII 471, 475 [535, 540]) étaient considérées comme des inconvénients insignifiants lors d'une grande croisade pour extirper le Mal.

En droit international, des gouvernements d'occupation sont dans leur droit de légiférer comme ils l'estiment convenable (un droit proclamé par le tribunal même, XXII 461 [523], mais contredit à XXII 497 [565-566], et l'obéissance à leur autorité est requise. Ils sont autorisés à lever de la main-d'œuvre dans certaines limites, confisquer des biens publics, lever des impôts pour couvrir les frais d'occupation. Ils ne sont pas obligés de tolérer la résistance armée, les grèves, la publication de journaux hostiles, ou d'engager des fonctionnaires locaux qui n'obéiront pas aux ordres. Parapher des documents et faire circuler des ordres ne sont pas des crimes en droit international. Seyss-Inquart évita beaucoup de destructions non nécessaires qui auraient été illégales, à la fin de la guerre (XV 610-668 [664-726], XVI 1-113 [7-128], XIX 46-111 [55-125]).

Comme Reichskommissar pour les Pays-Bas, Seyss-Inquart transmettait des ordres d'exécuter des membres de la résistance après leur condamnation pour des actes de sabotage ou résistance armée. Mais les exécutions n'avaient lieu qu'après la commission par d'autres personnes de nouveaux actes de sabotage.

C'est cela qu'on a qualifié d'«exécutions d'otages».

La désignation «otage» est cependant impropre (XII 95-96 [108], XVIII 17-19 [25-27], XXI 526 [581], 535 [590]).

Pour une discussion du droit international du point de vue de l'accusation admettant la légalité de ces actions, voyez V 537 [603-604]. Il fut expressément admis par l'accusation que des membres de la résistance pouvaient être fusillés (V 405 [455-456]).

La Quatrième Convention de La Haye sur la guerre terrestre, du 18 octobre 1907, contient une clause de participation totale (art. 2); des belligérants qui auraient violé la convention peuvent être contraints de payer des indemnités (art. 3); les bombardements «par n'importe quel moyen» de villes non défendues et de monuments culturels sont interdits (art. 23, 25, 27, 56). La convention ne fut pas ratifiée par la Bulgarie, la Grèce, l'Italie, les Etats nationaux de la Yougoslavie, mais elle fut ratifiée par la Russie tsariste.

ALBERT SPEER

Albert Speer fut condamné pour avoir conspiré en vue de réduire des millions de personnes en «esclavage» en les faisant travailler dans les industries d'armement allemandes où ils avaient été obligés de dormir dans des urinoirs (document D-288, déposition du Dr. Wilhelm Jäger, déjà discutée sous «Rudolf Höss») et torturés dans des «boîtes à torture» camouflées en armoires normales (les «camouflages» bizarres servent à permettre la présentation d'objets ordinaires comme des «preuves» accablantes) (document D-892, 897).

Répliquant à cette accusation, Speer déclara:
«Je considère cette déposition comme un mensonge... il n'est pas possible de traîner le peuple allemand dans la boue de cette façon» (XVI 543 [594]).

Speer était le type d'homme qui réussit toujours dans n'importe quel système. Il a toujours maintenu qu'il ne savait rien concernant des «exterminations», mais il prétendit que, si les victimes avaient été incinérées avec des bombes atomiques, il en aurait été informé (une hallucination de Robert Jackson, XVI 529-530 [580]).

Speer prétendit avoir comploté l'assassinat d'Hitler moyennant un gaz innervant hautement sophistiqué (XVI 494-495 [542-544]). Le complot avait échoué parce que le gaz ne pouvait être produit qu'à des températures très élevées (XVI 529 [579]).

En fait, le Zyklon (l'insecticide avec lequel on prétend que les Allemands auraient gazé les juifs) présente un problème similaire, dans le sens que le liquide doit s'évaporer, et cela ne se produit que très lentement s'il n'est pas chauffé. Des prouesses de la technologie allemande et l'état avancé de l'industrie allemande rendent ridicule toute notion d'un «Holocauste» utilisant des insecticides ou des gaz d'échappement de moteurs Diesel. Il serait plus difficile de «traîner le peuple allemand dans la boue» s'il n'y avait pas des personnes comme Albert Speer (XVI 430-588 [475-645]), XIX 177-216 [199-242]).

JULIUS STREICHER

Streicher fut pendu pour «incitation à la haine raciale», un crime qui semble devenir de plus en plus populaire. Le cas de Streicher est remarquable dans le sens que des nations prêchant la séparation de l'Eglise et de l'Etat, aussi bien que la liberté de la parole et de la presse, avaient conspiré avec des juifs et des communistes pour faire pendre un homme coupable d'avoir exprimé des opinions dont l'exactitude n'était pas contestée.

Un des crimes commis par Streicher fut la publication d'un supplément sur les «Meurtres rituels juifs» dans son journal *Der Stürmer*.

Il fut expressément admis par l'accusation que les illustrations de Streicher étaient authentiques (V 103 [119]) et que l'article était correctement référencé. Parmi les références de Streicher figurait celle d'au moins un savant reconnu, le Dr. Erich Bischof, de Leipzig, ainsi que des poursuites pénales modernes (IX 696-700 [767-771]).

Il était de l'opinion du tribunal que rechercher la validité des références de Streicher aurait prolongé le procès d'une façon démesurée, c'est pourquoi l'exactitude de l'article ne fut pas contestée. Comme alternative, une espèce de télépathie mentale fut exécutée, et Streicher fut pendu pour sa prétendue manière de penser et pour sa motivation.

Un autre crime commis par Streicher fut d'avoir appelé l'Ancien Testament une «histoire criminelle horrible... ce "livre saint" est riche en meurtres, incestes, fraudes, vols et indécence». Aucune preuve ne fut présentée pour réfuter cette affirmation (V 96 [112]). Streicher est connu comme «pornographe», «perverti sexuel» et «escroc». La «collection de pornographie», examinée de plus près, se révéla être l'archive judaïque de son journal (XII 409 [445]).

L'accusation de «perversion sexuelle», fortement soulignée par les

Russes, prit racine dans le prétendu Rapport Göring, une procédure disciplinaire du Parti, entamée par un des nombreux ennemis de Streicher. Cette accusation fut abandonnée pendant le procès et radiée du procès-verbal des audiences. Streicher fut informé qu'il ne devrait répondre à aucune demande afférente à cette accusation (XII 330, 339 [359, 369]).

L'«escroquerie immobilière» était aussi dérivée du Rapport Göring et se référait à un seul cas, celui de Mars-Werke. L'homme responsable des accusations contenues dans le rapport, par on ne sait quelle coïncidence curieuse, était aussi responsable de l'achat (V 106 [123]).

Le rapport affirme que les actions ont été rendues et que l'argent que Streicher avait payé pour les actions, 5 000 Reichsmarks, lui a été remboursé après l'enquête.

Streicher avait donné à ses administrateurs pleins pouvoirs pour faire ce qu'ils voulaient, disant: «Ne m'ennuyez pas avec vos affaires d'argent. Il y a des choses plus importantes que l'argent.» Streicher affirma que son journal avait été édité dans une maison louée jusqu'à la fin de la guerre; ce n'était pas un journal du Parti; Streicher n'avait rien eu à voir avec la guerre.

Un des employés de Streicher comparut comme témoin et affirma: «Quiconque connaît Herr Streicher comme moi, sait bien que Herr Streicher n'a jamais pris quoi que ce soit d'un juif» (XII 385-386 [420]). La deuxième femme de Streicher, Adele Streicher, comparut et témoigna: «Je considère totalement impossible que Julius Streicher ait acquis des actions de cette manière. Je crois qu'il ne sait même pas à quoi ressemble une action» (XII 391 [426]).

Il ne fut pas prétendu au procès de Nuremberg que Streicher écrivait tous les articles de son journal lui-même. «Trau keinem Fuchs auf grüner Heid, und keinem Jud' bei seinem Eid» [Ne te fie pas à un renard, ni à aucun juif, même s'il a juré], traduit par l'accusation en «Don't Trust a Fox Whatever You Do, Nor Yet the Oath of Any Jew» (XXXVIII 129), avait repris son titre de Martin Luther.

«Der Giftpilz» [le champignon vénéneux] fut écrit par un des rédacteurs de Streicher sous l'inspiration d'une fameuse série de crimes crapuleux contre des enfants commis par un industriel juif, Louis Schloss (XII 335 [364-365]). Schloss fut finalement assassiné à Dachau, ce qui devint encore «une atrocité nazie». Dans la discussion du meurtre de Schloss de la part de l'accusation, il ne fut jamais mentionné qu'il s'agissait d'un pervers dangereux reconnu coupable d'attentats à la pudeur sur des enfants; au contraire, il fut tacitement suggéré que Schloss avait été tué tout simplement parce qu'il était juif, et pour aucune autre raison (document 664-PS, XXVI 174-187).

Aucun lien de causalité ne fut jamais prouvé entre les «propos antisémites» de Streicher, Frank ou Rosenberg et la commission d'aucun crime; il ne fut jamais prouvé non plus que le crime concerné, c'est-à-dire le prétendu «Holocauste des juifs», ait jamais eu lieu.

Mais cela fut tout simplement supposé, et les écrits de Streicher furent supposés avoir contribué à le «provoquer».

Streicher fit quelques propos «hautement inconvenants» qui furent radiés du procès-verbal des débats et pour lesquels il fut blâmé par le tribunal avec le consentement de son avocat, le Dr. Marx. Un de ces propos a été supprimé après le 5e alinéa à la page 310 du procès-verbal typographié mais peut être trouvé aux pages 8494-5 du procès-verbal ronéotypé. Streicher dit: «Si je pouvais terminer avec une description de ma vie, ce serait avec la description d'une expérience qui vous montrera, messieurs du tribunal, que même sans le consentement du gouvernement, des choses peuvent arriver qui ne sont pas humaines, pas en accord avec les principes de l'humanité.

«Messieurs, je fus arrêté, et pendant ma détention j'expérimentais des choses comme celles que nous, à la Gestapo, sommes accusés d'avoir commises. Pendant quatre jours je fus sans vêtements dans une cellule. Je fus brûlé. Je fus jeté au sol et on m'a attaché avec une chaîne de fer. Je devais embrasser les pieds de gardiens noirs qui me crachaient à la figure. Deux hommes de couleur et un officier blanc crachaient dans ma bouche et, quand je ne l'ouvrais plus, ils me l'ont ouverte avec un bâton de bois; et quand je demandais de l'eau, on m'emmenait à la latrine et on m'ordonnait de boire là.

«A Wiesbaden, messieurs, un médecin a pris pitié de moi, et je déclare ici qu'un directeur juif de l'hôpital s'est comporté correctement. Je dis ici, pour ne pas être incompris, que les officiers juifs qui nous gardent ici en prison ont agi correctement et que les médecins qui me traitent, eux aussi, sont pleins de considération. Et vous pouvez voir dans mes propos le contraste de cette prison-là jusqu'au moment présent.»

Un autre «propos inconvenant» fut supprimé après le premier alinéa à la page 349 du volume XII, mais il se trouve au procès-verbal ronéotypé à la page 8549:

«Pour éviter tout malentendu, je dois dire qu'on m'a tellement battu à Freising, nu et pendant des journées, que j'ai perdu 40 % de ma capacité d'audition, et les gens se moquent de moi quand je pose des questions. Je ne peux rien faire si on m'a traité de cette façon. Donc, je dois demander que l'on me repose la question encore une fois.»

Ce à quoi le Lt. Col. Griffith-Jones répliqua:

«Je peux vous la montrer, et nous la répéterons aussi fort que vous le désirez.»

Puisqu'il s'agissait d'une affaire de la connaissance personnelle de Streicher et non de ouï-dire, il est difficile de comprendre pourquoi ces propos furent supprimés tandis que des ouï-dire favorables à l'accusation furent retenus (en effet, les preuves de l'accusation consistent en des ouï-dire écrits et oraux, et pas grand-chose d'autre). Si les autorités de l'accusation ne croyaient pas les affirmations de Streicher selon lesquelles il avait été torturé, elles étaient libres de le contre-interroger pour déceler d'éventuelles incohérences et prouver qu'il avait menti. Mais au lieu de procéder ainsi, il fut tout simplement réprimandé et les propos supprimés. Ce qui montre bien peu de considération pour la vérité, la justice, et un procès impartial.

Streicher affirma que ses appels à l'«extermination» de la juiverie avaient été provoqués, pour la plupart, par les bombardements et les appels à l'extermination du peuple allemand de l'autre côté.

«Si en Amérique un juif du nom de Erich Kauffman [correctement : Theodore Kaufman] peut exiger publiquement que tous les Allemands capables d'engendrer des enfants soient stérilisés afin d'exterminer le peuple allemand, alors moi je dis: dent pour dent, et œil pour œil. C'est donc une affaire purement théorique et littéraire» (XII 366 [398-399]), (V 91-119 [106-137], XII 305-416 [332-453], XVIII 190-220 [211-245]).

Ippolit Iosifovich Lyutostansky

Preface by Carlos W. Porter

The Jews and Ritual Murders of Christian Babies

A Theological and Legal Study

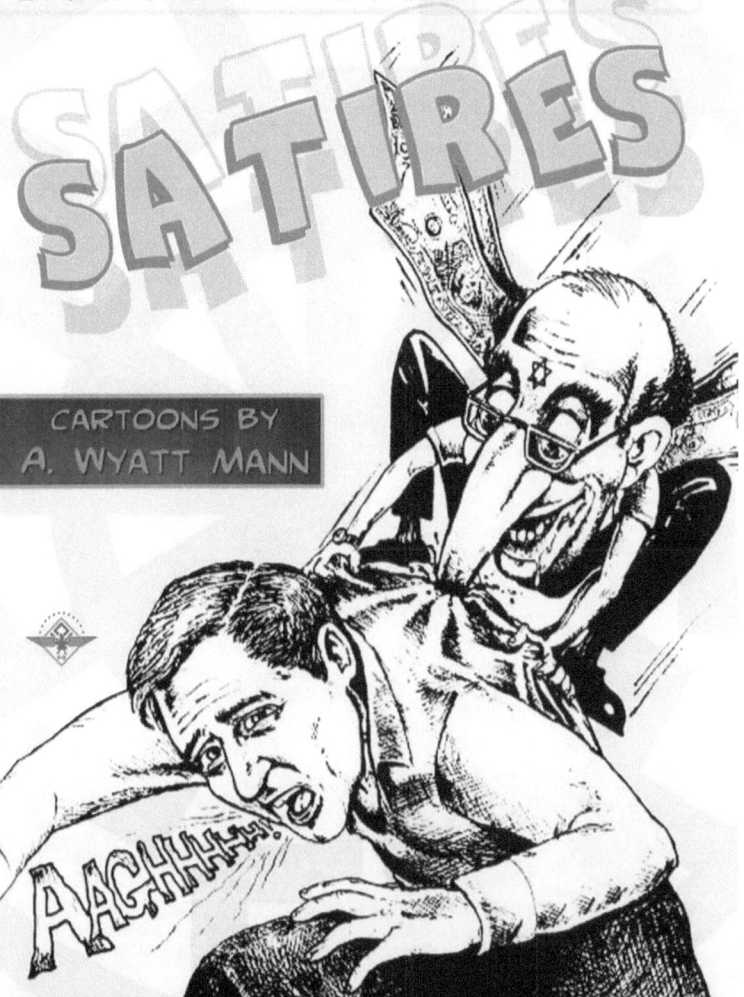

ELSE LÖSER

The Image of the Germans in Polish Literature

Poland and Falsifications of Polish History

2nd Revised Edition
Translated by Carlos W. Porter

NO CULPABLE EN EL PROCESO DE NUREMBERG

Los argumentos de la defensa

CARLOS WHITLOCK PORTER

Carlos W. Porter

MADE IN RUSSIA: THE HOLOCAUST
Livret d'accompagnement de la vidéo

traduit de l'Anglais par
Valérie Devon

www.cwporter.com

www.ingramcontent.com/pod-product-compliance
Lightning Source LLC
LaVergne TN
LVHW091604060526
838200LV00036B/997